아이를 위한
엄마의 자존감 공부

아이를 위한
엄마의 자존감 공부

초판 1쇄 인쇄 2019년 7월 15일
초판 1쇄 발행 2019년 7월 19일

지은이 | 향기책방
펴낸이 | 김의수
펴낸곳 | 레몬북스(제 396-2011-000158호)
주   소 | 경기도 고양시 일산서구 중앙로 1455 대우 시티프라자 802호
전   화 | 070-8886-8767
팩   스 | (031) 955-1580
이메일 | kus7777@hanmail.net

ISBN 979-11-85257-83-9 (13190)

이 도서의 국립중앙도서관 출판예정 도서목록(CIP)은 서지정보유통지원시스템 홈페이지
(http://seoji.nl.go.kr)와 국가자료 공동목록시스템(http://www.nl.go.kr/kolisnet)에서
이용하실 수 있습니다. (CIP제어번호: CIP2019024616)

아이를 위한 엄마의 자존감 공부

향기책방 지음

레몬북스
lemon books

엄마의 자존감이
가족 모두를 행복하게 한다

아이는 300일을 엄마와 함께 하나의 몸속에서 생활하다가 세상 밖으로 나올 준비를 하게 된다. 엄마는 아이를 세상 밖으로 내보내기 위해, 아이 역시 세상 밖으로 나오기 위해 엄마와 아이는 한 팀이 되게 된다. 아름다운 고통의 여정이 시작된 것이다.

엄마는 자신이 동원할 수 있는 모든 힘과 에너지를 이용해서 무엇과도 바꿀 수가 없는 소중한 아이들을 선물받게 된다. 그 경이로웠던 순간을 어찌 잊을 수가 있을까?

삶에서 가장 아름다운 경력은 바로 부모경력이다. 그리고 거기에는 아름다운 육아경력도 더해지게 된다. 행복의 출발은 바로 가족이다. 행복한 가족이 행복한 사회가 되는 것이다.

엄마가 행복해지면 아이 그리고 가족 모두가 행복해지게 된다. 그러기 위해서는 아이의 행복이 먼저가 아니라 엄마의 행복을 먼저 찾아야 한다. 엄마가 행복해야 아이가 행복할 수 있기 때문이다. 엄마가 웃어야 아이 역시도 웃을 수 있기 때문이다.

그렇다면 그 행복의 중심에는 무엇이 있을까?

바로 엄마의 자존감이 있다. 엄마의 자존감이 가족 모두를 행복으로 이끌게 된다.

자존감이란 나를 사랑하는 마음과 나를 가치 있다고 여기는 마음이다. 자존감은 행복의 기초이며, 행복의 근간이 된다.

우리는 누구나 존중받고, 사랑받을 자격이 있는 사람들이다. 그 첫 번째의 대상이 바로 엄마 자신이다. 엄마 자신을 먼저 사랑할 줄 알아야 한다. 그리고 자신을 가치 있게 대접 해줘야 한다.

삶의 중심에는 항상 내가 있어야 한다. 그리고 나는 '나다움'으로 채워져야 한다. 그 나다움이 결국 삶의 주인으로 이끌기 때문이다. 우리는 삶의 주인이 되었을 때 온전한 행복을 느낄 수가 있게 된다.

우리는 모두 엄마이다. 엄마라면 아이들이 행복하게 성장하길 원한다. 그렇다면 엄마도 행복하고 아이도 행복할 수 있는 방법은 없을까? 그것은 바로 엄마 자신을 먼저 사랑하는 것이다. 엄마 스스로를 먼저 아끼고 사랑했을 때 엄마의 사랑이 아이에게로 배우자에게로 흐르게 된다. 결국 가족 전체가 사랑으로 채워지게 된다.

우리는 그 사랑 안에서 사랑을 먹고 사랑을 나눌 수가 있다. 행복과 자유로움을 느낄 수가 있다.

그렇다면 엄마를 어떻게 사랑해야 할까?

그 방법에는 무엇이 있을까?

어떻게 하면 엄마도 행복하고 아이도 행복할 수가 있을까?

어떻게 해야 우리 가족 모두가 행복할 수가 있을까?

나의 삶을 어떻게 하면 아름다운 꽃밭으로 만들어 볼 수 있을까?

어떻게 하면 아름다운 세상에서 더 행복해질 수가 있을까?

〈엄마의 자존감 공부〉는 다섯 개의 공부로 이루어져 있다.

1장 '나를 가장 사랑해야 할 시간' 〈엄마, 자존감 공부〉

2장 '가장 나다움을 발견할 시간' 〈엄마, 독서 공부〉

3장 ' 꿈을 발견하고 행동할 시간' 〈엄마, 꿈 찾기 공부〉

4장 ' 부모와 아이가 함께 성장해가는 시간' 〈엄마, 부모공부〉

5장 '가족 모두가 행복할 시간' 〈엄마, 행복 공부〉

나는 '행복'이란 단어를 참 좋아한다. 그래서 내 삶의 가치를 항상 '행복'이란 두 글자에 초점을 둔다. 내가 선택할 이 무엇이 과연 나를 행복하게 하는가? 내가 선택하려는 이 무엇이 우리 모두를 행복하게 하는가? 우리 모두를 만족시켜 줄 수가 있는가?

모든 문제 역시도 이 '행복'에 초점을 맞춘다. 결과적으로 모두가 행복하려면 어떻게 해야 하는지 귀결시키려 노력한다. 그렇게 되면 우리는 문제가 아닌 대안을 찾아가는 데 집중할 수가 있다.

누군가의 희생을 통해서 행복해질 수는 없다. 희생은 보상의 그림 자를 갖고 있기 때문이다.

가족은 누군가의 희생이 아니라 모두가 행복해야 하는 세상에서 가장 아름다운 집단이다. 그 중심에는 바로 사랑이 있다.

나는 가족으로부터 사랑과 행복을 배워가는 중이다. 그 안에서 넘 어지기도 하고, 실수를 통해서 배워나가기도 한다. 나를 가장 성찰 해 볼 수 있는 장소가 바로 가정인 것이다. 엄마가 되고 나서야 조금 씩 어른이 되어가는 느낌이다. 그리고 배우자와 아이라는 거울을 통 해서 조금씩 성장해가고 있다.

아름다운 가족을 통해서 깨닫게 된 나의 생각은 다음과 같다.

삶은 사랑하는 법을 배우는 것이다.
나를 사랑하는 법을 배우고
상대방을 사랑하는 법을 배우는 것이다.
그리고 그 배움을 실천해나가는 것이다.
그것을 반복해 나가는 것이
결국 삶이고 인생이다.

삶은 객관식이 아니라 주관식이다.

삶은 누가 정해놓은 객관식 속에서 답을 찾는 것이 아니다.

우리의 삶은 주관식이다.

우리 스스로가 자유롭게 써 내려가는 것이다.

글의 형식도 정해져 있지 않다.

다만 타인에게 피해를 주지 않으면서,

자유롭게 써 내려가면 그만이다.

그리고

그 답을 채점하는 사람은

바로 타인이 아니라

우리 스스로가 될 것이다.

자신만큼 정확한 채점자가 또 있을까?

삶에 대한 대부분의 문제는 복잡한 수학 공식이 아니다. 더하기와 빼기만으로도 충분히 풀어나갈 수가 있다. 그것만으로도 아름다운 삶을 행복하게 살아갈 수가 있다.

모든 문제의 해결은 복잡함이 아니라 단순함 속에 있다. 문제 풀이의 고수들은 풀이식이 짧다는 것을 기억하자.

지금 읽고 있는 이 책이 엄마의 고민을 풀어나가는 데, 엄마가 지금보다 더 행복해지는 데 조금의 힌트가 되어 줄 수 있다면 너무나 큰 기쁨이자 행복이 될 것이다.

이 책을 쓴 목적이 엄마에게 행복 한 조각이라도 선물해 드리고 싶었기 때문이다.

엄마가 된다는 것은 세상에서 가장 아름다운 축복과도 같다. 그 축복을 선물받은 우리, 지금보다 더 행복해질 자격이 너무나도 충분하다. 우리는 세상에서 가장 아름다운 이름인 '엄마'이니까 말이다.

아름다운 출산과 육아로 인해서 사회로부터 경력이 단절되어 버린 엄마, 육아에 고군분투하고 있는 전업 맘, 회사와 가정에서 줄다리기를 하고 있는 워킹 맘, 그리고 '엄마'라는 세상에서 가장 아름다운 이름을 가진 모든 여성에게 온 마음을 담아 축복하고 응원한다.

라일락 향기 짙은 계절에
향기책방 행복 Dream

차례

3장 엄마, 꿈 찾기 공부
_꿈을 발견하고 행동할 시간

4장 엄마, 부모공부
_부모와 아이가 함께 성장해가는 시간

5장 엄마, 행복 공부
_가족 모두가 행복해야 할 시간

에필로그

아이의 반짝반짝 빛나는 검은색 눈동자를 바라보면 엄마의 얼굴이 비치게 됩니다. 엄마의 아름다운 눈동자에서도 아이의 얼굴이 비치게 됩니다. 서로의 눈동자라는 거울이 있기에 우리는 아이의 얼굴을 그리고 엄마의 얼굴을 더 자세히 들여다 볼 수가 있습니다.

엄마가 행복해야 아이가 행복한
엄마의 자존감 공부에 엄마를 초대합니다.

엄마,
자존감 공부

_나를 가장 사랑해야 할 시간

나를 사랑한다는 것의 첫 번째는
나를 친절하게 대하는 것이다.

엄마의 자존감이 왜 중요할까

엄마의 자존감이 중요한 이유

엄마의 자존감이 중요한 이유는 아이를 위해서도 중요하지만, 먼저 엄마 자신을 위해서 가장 중요하다. 우리가 살아가는 목적은 바로 행복하기 위함이다. 그 행복을 이루는 가장 근본이 바로 자신을 사랑하는 마음, 즉 자존감이다. 자신을 사랑할 줄 아는 사람은 자신이 가치 있다고 지극히 받아들인다.

그렇다면 자존감이란 무엇일까? 자신을 존중하는 마음과 자신이 가치 있다고 여기는 마음상태를 의미한다. 우리는 모두가 가치 있는 존재이다. 이 세상에 소중하지 않은 사람이 어디 있을까? 우리에게는 자신을 사랑할 수 있는 자유가 허락되어 있다. 그리고 그 자유를 선택할 수 있는 권리도 역시 우리가 갖고 있다.

엄마가 된 우리는 자신을 어떻게 규정하고 있을까?

자존감은 자신을 바라보는 자아상에 기초를 두고 있다. 그 자아상은 타인이 결정한 것이 아니라, 오직 스스로가 결정한 것이다. 자아상은 거울을 바라보며 나는 '어떤 사람이다'라고 스스로가 규정짓는 것이다.

거울 앞에 가까이 다가가 보자.

아름다운 여성 한 명이 서 있다. 어떤 마음이 드는가? 당신은 충분히 아름답고 소중한 사람이다. 참으로 괜찮은 사람이다. 누군가 인정을 해주어서가 아니라, 자신의 존재만으로도 참으로 감사하고 고마운 사람이다.

우리는 자신을 바라보는 데 건강한 자아상을 지니고 있어야 한다. 그 자아상이 세상을 바라보는 관점과도 연결이 되기 때문이다. 내안에 긍정이 많게 되면 세상을 긍정적으로 바라보게 되고, 내 안에 부정이 많게 되면 세상을 부정적으로 바라보기 때문이다. 부정보다는 긍정을 갖는 자세가 필요하다. 긍정이 또 다른 긍정을 낳기 때문이다.

우리가 행복을 느끼기 위해서 가장 먼저 해야 할 일은 바로 자신을 아끼고 사랑해 주는 것이다. 그 가치가 타인으로부터 훼손되지 않게 스스로를 보호하고, 스스로를 가치 있게 대접해줘야 한다. 엄마의 자존감을 안전하게 지켜 나가야 한다.

아이가 행복하길 원한다면 엄마 스스로가 먼저 행복해지면 된다. 아이의 행복을 찾기보다는 엄마의 행복을 먼저 찾게 되면 아이도 엄마도 모두가 행복해지게 된다. 사랑은 온화하고, 편안하고, 기쁘고, 행복해지는 감정이다. 자신에게 차가움이 아니라 태양의 따스함을 주어야 한다. 칭찬도 하고, 격려도 하고, 위로도 하는 그런 자신이 되어야 한다.

우리는 누군가를 사랑했기에 엄마가 되었다. 우리가 가장 소중하다고 생각하는 사람을 사랑하듯, 자신을 먼저 소중하게 다루고 사랑해야 한다. 우리는 충분히 가치가 있는 사람들이기 때문이다.

행복의 열쇠는 자존감

자존감은 행복의 기초가 된다. 자존감이 높은 사람들은 타인을 존중할 줄 안다.

자신이 가치 있고, 소중한 만큼 타인 역시도 가치 있고 소중한 존재라고 여기기 때문이다.

어느 날, 두 아이가 함께 노래를 부르고 있었다. 유치원에서 배운 노래라며 들려주었다. 가사가 참 아름다웠다.

산에 피어도 꽃이고

들에 피어도 꽃이고

길가에 피어도 꽃이고

모두 다 꽃이야

아무 데나 피어도

생긴 대로 피어도

이름 없이 피어도

모두 다 꽃이야

봄에 피어도 꽃이고

여름에 피어도 꽃이고

몰래 피어도 꽃이고

모두 다 꽃이야

류형선 작사/작곡의 '모두 다 꽃이야'란 노래이다.

우리의 자존감을 잘 대변하고 있다. 노래의 가사처럼 우리는 그 무엇이 되지 않아도, 존재의 가치만으로도 아름다운 꽃인 것이다. 엄마가 된 우리도 꽃이고 우리 아이들 역시도 소중한 꽃이다. 누구 하나 꽃이 아닌 사람은 없다. 자신을 꽃으로 대하고 상대방 역시도 꽃으로 대해준다면 우리 모두의 행복지수는 높아지게 될 것이다.

자아상을 형성하는 데 가장 큰 역할을 하는 사람이 누구일까? 바로 부모이다. 부모의 자존감이 자녀의 자존감에 가장 직접적인 영향을 미치기 때문이다. 부모의 높은 자존감은 아이 역시도 높은 자존감으로 성장하게 한다. 부모가 높은 자존감을 갖기 위해서는 엄마인 우리가 소중한 꽃임을 먼저 인정해야 한다.

빛은 숨길 수가 없듯이 행복 역시 숨길 수가 없다. 행복은 바이러스와 같아서 공기를 타고 멀리멀리 퍼지게 된다.

우리의 사랑하는 가족이 진심으로 행복하길 원한다면, 엄마 자신을 더 아끼고 사랑하고 대접해야 한다. 행복은 절대로 멀리 있는 것이 아니다. 나의 관점을 조금만 바꾸더라도 행복은 쉽게 찾을 수가 있다. 행복의 출발은 엄마의 소중한 가치를 알고 엄마를 사랑하는 '자존감'에서부터 비롯됨을 잊지 말아야 한다.

행복의 열쇠는 바로 자신을 사랑하는 자존감에 있다.

육아는 세상에서 가장 아름다운 경력이다

통계청에 따르면 15~45세 기혼여성은 900만 5천 명, 비취업 여성은 345만 7천 명으로 나타났다.(통계청 2018년 4월 기준)

이 중에서 경력단절 여성은 184만 7천 명으로 전년 대비 1만 5천 명(0.8%)이 증가하였다. 특히 6세 이하의 자녀가 있는 경력단절 여성이 95만 1천명 (64%)으로 가장 많았다.

경력단절 여성이 직장을 그만둔 이유를 살펴보면 결혼(34.4%), 육아(33.5%), 임신·출산(24.1%), 가족 돌봄(4.2%), 자녀교육(3.8%) 순으로 나타났다.

육아는 세상에서 가장 아름다운 경력이다. 임신, 출산 등 육아로 인해서 경력이 단절되고 사회로 다시 복귀하기 어려운 현실은 너무나도 안타깝다.

아이의 정신과 육체는 열 달 동안 엄마와 한 몸에서 함께 자라게 된다. 엄마는 아이를 위해 음식을 조절하고, 입덧이라는 몸의 변화를 경험하기도 한다.

마음의 평온을 위해 노력했던 300일의 과정이 지나고 나면 출산이라는 15시간 이상의 아름다운 고통을 감수하게 된다. 그리고 아이와 세상 밖에서 첫 대면을 하게 된다. 얼마나 경이로운 순간인가.

누군가의 자녀로만 살다가, 누군가의 부모가 된 것이다.

출산 이후 자신의 몸을 추슬러야 하는 상황임에도 불구하고 특별한 사정이 있지 않은 한 엄마는 모유 수유를 하게 된다. 아이를 어떻게 안아야 하는지도 모르는 상황에서 아이는 본능적으로 엄마의 모유를 찾게 된다. 모유 수유를 하는 자세에 대해서 방법을 미리 익혔다고는 하지만 이론과 실제는 너무도 다르다. 모유 수유를 하는 엄마나 먹고 있는 아이 역시 자세가 불편하기는 마찬가지이다.

아이를 어떻게 안아야 할지, 포대기는 어떻게 감싸주어야 하는지, 목욕은 어떻게 시켜주어야 하는지 초보이기는 엄마나 아빠나 마찬가지이다.

하나의 삶이 잉태되고 자라는 모습을 지켜보며 엄마의 삶과 아이의 삶은 분리가 아니라 거의 하나에 가까웠다. 엄마와 아이는 마치 한 몸이 되어 있었다. 그동안 읽었던 수많은 책들보다 아이와 함께한 시간이 내 삶에 가장 큰 영향을 주었고, 삶의 소중함을 선물해 주었다.

육아는 돈으로는 환산할 수 없는 소중한 가치이자 아름다운 경험이다. 그런데 엄마라는 이름이 출산과 육아로 인해서 사회에서는 경력단절의 아픔을 경험하게 된다.

경력단절을 자청하고 육아를 선택하는 엄마도 있다.

엄마와 아이의 모성애를 무엇으로 표현해야 할까? 적어도 아이가 세 돌까지는 엄마를 위한, 가정을 위한 사회적인 제도 장치가 더 개선되기를 기대해 본다.

엄마는 알고 있다. 옹알이를 시작으로 우리 자녀들이 처음으로 꺼냈던 단어는 엄마와 아빠라는 사실을 말이다. 그 단어를 몇 개월 때 했는지, 아이가 언제 몸을 뒤집기에 성공했는지, 언제 기었는지, 언제 물건을 부여잡고 스스로 일어났는지 말이다.

스스로 발을 떼고 엄마 품에 걸어온 기억들은 또 어떨까.

이유식을 먹여주는 엄마에게 스스로 밥을 먹겠다며 숟가락을 뺏어서 혼자 먹었던 일, 밥을 떠서 엄마의 입속으로 먹여주던 일, 기저귀를 떼고 처음으로 변기에 앉아 용변을 본 일, 이제는 엄마 도움 없이도 스스로 휴지로 닦고, 손을 닦고, 심지어 양치까지 하고 올 때의 그 뿌듯함을, 이 행복의 가치를 어떻게 돈으로 환산할 수가 있을까?

경력단절 여성, 새로운 도약을 결심할 때

엄마는 이 시기에 자녀와 깊은 유대감을 형성하며, 여러 가지의 감정들을 경험하게 된다. 매슬로 법칙의 제1단계인 '생리적인 욕구'에 제동이 걸리는 시기이기도 하다.

머리를 감고, 화장실을 가고, 샤워를 하고, 식사하는 것조차 엄마의 자유시간이 허락되지 않는다. 식사는 또 어떨까? 차려진 밥상이 아니다. 한 숟가락을 먹으려고 밥을 뜨는 순간, 아이는 엄마를 호출한다. 아이를 낳고, 엄마의 몸이 회복되려면 적어도 3년이 걸린다고 한다. 이 시기에 대부분의 엄마는 자신의 몸보다는 아이에게 모든 것을 맞추고 내어주고 있을 것이다.

자아 형성이 되는 세 돌까지가 자녀에게 가장 중요하듯, 엄마에게도 가장 중요한 시기이다. 이 시기야말로 아이와 엄마는 가족과 친지들 속에서 최대한의 보살핌과 배려를 받아야 한다. 어느덧 세 돌 육아를 마치고 사회에 나가려 했을 때 사회에서는 이미 '경력 단절 여성'이라는 타이틀과 함께 커다란 벽이 존재하게 된다.

경력단절이 주는 아픔은 엄마의 자신감을 크게 떨어뜨리기도 한다.

사회의 가장 기본적인 단위는 바로 가정이다. 가정이 행복해야 사회가 행복할 수가 있다. 육아를 선택한 엄마는 사회적으로 경력이 단절된 것이 아니라, 단지 경력을 사회에서 가정으로 이동시켰을 뿐이다. 6세 이하 자녀가 있는 경력단절 여성이 무려 95만 명이 넘는다는 사실은 사회적으로도 엄청난 손실이다.

경력단절 여성들을 위해서 사회적으로도 다양한 활동들을 벌이고 있다. 경력이 단절되었다고 해서 절대로 웅크리면 안 된다. 사회에서 추진하고 있는 제도들을 적극적으로 활용해서 엄마의 날개를 활짝 펴야 한다. 육아를 통해서 엄마의 내공이 얼마나 강인해졌는지 엄마라면 스스로가 가늠할 수 있을 것이다.

우리에게는 엄마만이 느낄 수 있는 특별한 힘이 있다. 경력이 단절된 여성이라면, 경력의 단절이 오히려 자신을 새롭게 한 단계 도약시키는 데 발판의 기회가 되었으면 한다. 스스로에게 새로운 기회를 부여해주자.

정부기관에서 제공하는 여성을 위한 무료교육 관련 사이트를 소개한다. 무언가를 시작하기에 가장 좋은 시점은 바로 지금이다. 한쪽 문이 닫혀 있다면, 다른 한 쪽 문은 반드시 열려 있다. 그 문을 향해 새롭게 나아가 보자.

정부 기관에서 제공하는
여성을 위한 무료 교육 정보

• 여성가족부

www.mogef.go.kr

경력단절 여성의 취업을 지원하는 다양한 정책과 〈여성새로일하기센터〉를 운영하고 있다. 취업을 위한 상담. 직업교육 훈련, 취업 연계, 사후관리 등 종합적인 지원 서비스를 제공한다.

• 한국여성인력개발센터

www.vocation.or.kr

전국 53개 여성 인력개발센터가 있으며, 직업상담과 취업 알선, 직업능력개발/직무능력 향상, 창업지원 사업, 사회문화교육, 복지사업 등 교육지원에서 취업 지원까지 다양한 서비스를 제공한다.

• 여성가족부와 경기도 일자리 재단이 함께하는 꿈 날개

www.dream.go.kr

온라인 무료취업 지원 서비스로 직업교육, 취업 상담, 경력개발, 창업지원, 이력서 클리닉 등 여성을 위한 취업솔루션을 제공한다.

- **경기도 여성 창업 플랫폼 꿈수레**

  www.womenpro.go.kr

  경기 남부, 경기 북부, 화성시, 양주시, 고양시 등 지역별 꿈 마루로 구분되어 여성 창업을 위한 다양한 서비스를 제공한다.

- **경기도 무료 온라인 평생 학습 서비스 지식 캠퍼스**

  www.gseek.kr

  외국어, 취미, 자녀교육, 자격증 등 14개 분야의 1200여 개에 해당하는 다양한 학습과정을 무료로 제공한다.

- **창업 넷**

  www.k-startup.go.kr

  창업 교육, 시설, 공간, 멘토링, 컨설팅, 정책자금 지원 등 정부 창업지원 사업에 대한 모든 것을 한눈에 볼 수 있다.

엄마의 선택이 최선이다

출산 후 엄마가 되고 나면, '육아냐, 일이냐'를 두고 한 번쯤 고민해 봤을 것이다. 나 역시 이 문제로 고민을 참 많이 했던 기억이 난다.

잠시 베이비시터분이 방문한 적이 있다. 아이의 말문이 트이지 않았을 때였다. 그때 아이의 글썽이던 눈망울을 잊을 수가 없다. 나는 아이의 눈빛을 읽을 수가 있었다.

아이는 이렇게 말하고 있었다.

'나는 엄마와 함께 있고 싶어요.'

그 애절한 눈빛을 저버릴 수가 없었다. 사실 육아에 마음이 기울어진 상태이긴 했었다. 그런데 이 계기가 육아를 선택해야 하는 이유를 더 분명하게 만들어 주었다. 육아하며 그 시기를 오히려 나를 성장시키는 준비 기간으로 생각했다.

아이가 어느 정도 성장하고 나면, 그때 내가 추구하는 일을 할 것이라며 스스로 주문을 걸었다.

이 글을 읽고 있는 다른 엄마 역시 육아냐, 일이냐를 두고 고민할지도 모르겠다. 무엇을 선택하든 자신의 선택을 믿고 흔들리지 않길 바란다. 육아가 답도 아니고, 일이 답도 아니기 때문이다. 오로지 엄마의 선택이 최선의 답일 뿐이다.

어느 쪽을 선택하든, 가보지 않는 길에 대해서는 미련이 남기 마련이다.

우리는 각자가 처한 환경이나, 자신이 추구하는 삶의 방식 등 모든 것이 다르다. 다만 엄마로서의 의무감이 아니라, 자신이 조금 더 행복할 수 있는 쪽으로 선택하길 바란다. 엄마가 행복해야 아이도 행복하기 때문이다.

일과 육아의 두 마리 토끼를 동시에 잡는다는 것은 현실적으로 쉽지 않은 일이다. 무엇을 선택하든 한쪽이 더 기울기 마련이다.

현재 전업 맘이건, 워킹 맘이건 우리는 모두 엄마이다. 엄마로서 자녀에게 미안한 마음을 갖는 것은 엄마라면 모두 똑같은 심정일 것이다. 현재의 상황에서 각자 최선을 다할 뿐이다.

자녀와 함께 하는 육아의 양보다 육아의 질에 더 초점을 맞춘다면 엄마와 아이가 모두 행복하기 마련이다. 워킹 맘이라면 회사에서는 회사의 업무에 매진을 하고, 집에 돌아왔을 때는 자녀와의 시간을 정해서 그 시간만큼은 자녀에게 초점을 맞춰보는 것이다. 전업 맘이라면 엄마의 시간과 자녀와 함께 할 시간을 구분해서 자녀와 함께 하는 시간만큼은 자녀에게 최대한 집중해보는 것이다.

육아를 선택한 엄마에게도, 일을 선택한 엄마에게도 축복과 응원의 박수를 보내고 싶다. 각자의 자리에서 최선을 다하는 엄마의 모습이 자녀에게는 가장 살아 있는 교육이 될 것이다.

유아기는 부부의 대화와 협력이 가장 필요한 시기

세계 행복지수 1위(2018 세계 행복보고서), 세계 성평등지수 3위(2017 세계 성 평등 보고서), 엄마와 아이들이 살기 좋은 나라 2위(2015 어머니 보고서)는 과연 어떤 나라일까? 정답은 바로 핀란드이다.

핀란드의 경우, 엄마가 된 후 10명 중 7명이 회사에 다닌다. 아빠의 10명 중 8명은 육아 아빠로 엄마와 아빠가 번갈아 가며 함께 육아한다. 그에 반해 한국의 여성들은 10명 중 4명이 출산 이후 경력 단절로 인해서 직장에 돌아가지 못한다.

육아휴직 기간은 1년으로 OECD 국가 중 가장 길게 되어 있지만, 지난해 남성 육아휴직 사용률은 3.8%에 그쳤다. 물론 엄마들의 사회 참여율이 높은 이유는 국가에서 출산과 양육을 적극적으로 지원하기 때문이라고 한다.(서울경제신문 2018. 9. 18.)

대한민국에서 남성이 육아휴직을 낸다는 것은 현실적으로 여러 가지 어려움이 많을 것이다. 사회의 구조적인 문제를 떠나서 각자의 처한 환경이 모두 다르기 때문이다.

아이를 출산하고 아이가 커가는 과정에서 신기함은 한둘이 아니며 엄마 혼자서 그 모습을 보기에는 참 안타까울 때가 많다.

자녀의 유아기 시절은 평생 한 번뿐이다. 따라서 육아가 엄마만의 몫이 아니라, 엄마와 아빠의 사랑이 골고루 갈 수 있도록 부부간의 대화와 협력이 가장 필요한 시기이기도 하다. 육아를 아빠가 하는 경우 역시도 따뜻한 시선과 격려가 필요하다.

아무리 바쁘더라도 하루 24시간 중 자녀와의 시간만큼은 꼭 비워 두어야 한다. 지금 자녀와 보낸 시간이 훗날 우리의 기억 속에 가장 아름답고 소중한 기억 중 하나가 되기 때문이다.

자녀가 어릴 때일수록 자녀는 부모와의 시간을 간절히 원한다.

아이들의 성장은 부모의 생각보다 훨씬 빠르게 성장한다. 따라서 자녀가 원할 때 가족과의 소중한 시간을 함께 하자. 과거에 비해서 시대가 바뀌었다고는 하지만 아빠 스스로가 육아에 적극적으로 참여해서 육아 계획을 짜는 것은 흔치 않은 일이다. 육아에 더 능숙한 엄마가 아빠를 육아에 적극적으로 참여시켜 보자.

아빠의 육아는 아이를 위해서도 엄마를 위해서도 가족 모두를 위해서 필요하다. 어느 한쪽이 과부하가 되지 않게 부모의 적절한 균형이 필요하다.

육아는 공동 육아이며 그 균형은 각 가정마다 다를 것이다.

자녀가 어릴 때 , 부모의 육아에 대한 철학을 서로 공유하고 함께해 나간다면, 부모로서도 아이로서도 행복한 유아기를 보내는 데 도움이 된다. 소중한 추억들을 가족만이 볼 수 있는 SNS를 만들어 보는 것도 추천한다. 행복한 추억들과 행복한 에너지를 충전받는 데 도움이 되어 줄 것이다.

가사는 가족의 공동 역할이다

맞벌이 부부의 1일 가사노동시간이 어떻게 될까? 통계청에 의하면 남성은 평균 32분, 여성은 3시간 28분으로 나타났다.

하루 평균 일하는 시간은 남성은 6시간 34분, 여성들은 5시간 14분으로 남성들이 1시간 20분이 더 많았다.

그렇다면 외벌이 부부인 경우는 어떨까?

하루 평균 남편이 일하는 시간은 6시간 26분, 가사는 남성이 31분, 여성은 6시간 25분으로 집계되었다.

맞벌이 여성 A 씨는 직장에서 퇴근한 후 집에 돌아오면 다시 근무가 시작된다고 심정을 토로하기도 한다.

전업 맘인 J 씨 역시 혼자서 독박육아를 경험한다고 토로한다. 남편은 회사에서 일했으니 집안일은 모두 아내의 몫이라는 생각을 갖고 있다고 했다.

어느 기사를 읽다가 남편이 '독박노동'을 하고 있다고 표현하고 있었다. '독박육아'가 있다면 분명 '독박노동'이 있을 것이다. 아내의 입장과 남편의 견해 차이는 모두가 존재한다. 다만 남성은 생계를 책임지는 사람, 아내는 가사노동을 전담하는 사람이라는 전통적인 인식에서 벗어나야 한다. 그리고 남편과 아내가 한 가정의 중심축이 되어 서로의 협력을 끌어내는 것이 최선이다.

출산하고 나면 가사의 문제가 수면 위로 떠오르기도 한다.

자녀가 태어난 순간 엄마의 몸은 하나의 몸이 아니다. 모유 수유나 분유를 먹이며 아이에게 집중해서 함께 놀아줘야 하는 엄마, 요리를 전담으로 해줘야 하는 엄마, 청소를 전담으로 해줘야 하는 엄마, 엄마가 볼일이 있거나 휴식을 취하고 싶을 때 잠시 아이를 돌봐주는 엄마, 잠시 식사와 샤워할 동안만이라도 아이를 돌봐줄 엄마 등, 특히 영유아기(0세~2세) 시기에는 엄마의 몸이 여러 개로 복제가 되어야 함을 느끼게 된다. 엄마라는 하나의 몸으로 이 모든 것을 감내하기에는 분명 무리가 있다. 중요한 것은 이 시기, 엄마의 몸은 출산 이후 몸조리가 필요한 시기라는 것이다.

부부간의 문제가 가장 많이 발생하는 시기 역시, 아이가 영유아기 시기가 가장 높다.

집안의 청소가 덜 되었다면, 그 이유는 자녀와 함께 놀아주는 데 시간을 더 할애했을 것이다. 이 시기에 자녀를 재우는 것 역시 보통 힘든 일이 아니다. 혹시라도 자녀를 재우는 데 성공했다면, 청소기와 설거지를 하는 것 역시 무리가 된다. 어렵게 재운 아기가 행여나 그 소리에 깰까 봐 조심스럽기 때문이다. 겨우 힘들게 재워놓은 아기를 안내방송을 한다거나, 초인종 소리에 깨게 되면 엄마는 힘이 쭉 빠진다.

영유아기 시기에는 집안의 청소보다는 아이에게 더 집중해야 할 시기이다. 전업 맘의 경우, 집안이 조금 정리가 되어 있지 않아도 집에 돌아온 남편은 너그러운 마음을 가져야 한다. 아내가 혹시 끼니는 거르지 않았는지, 육아로 고군분투하고 있는 아내의 감정 상태부터 점검해주어야 한다. 아빠가 육아를 하는 경우 역시 마찬가지이다. 따뜻한 말 한마디는 서로에게 큰 힘이 되어 줄 것이다.

맞벌이 부부라면 어떨까?

육아는 공동육아라는 인식을 기본적으로 갖고 있어야 한다. 어느 한 사람에게 기울지 않도록 서로의 이해와 배려가 가장 필요한 시기이다

가사의 문제로 에너지를 소모하지 말자

엄마에게 가사가 더 힘이 든 이유는 급여가 없는 노동이기에 더욱 더 그러하다.

심지어 '그림자 노동', '부불 노동'이라고 불리기도 한다.

가사의 문제는 매일 매일 일어나는 빈도수가 높은 고충의 대상이다. 가사의 문제로 스트레스를 받기에는 우리의 삶이 눈부시게 아름답다. 따라서 부부가 서로 머리를 맞대고 각각의 청소 구역을 정한다든지, 대청소는 가사도우미분에게 부탁한다든지 도구를 이용하는 것 역시 검토의 대상이다. 엄마가 가사 시간을 이용해서 더 생산적인 일에 집중하길 원한다면 아웃소싱 대상이 무엇이 될 수 있을지 고민해 보는 것도 좋다. 손에 무언가를 가득 쥐고 있는 상태에서는 다른 물건을 짚을 수가 없기 때문이다.

문제가 아닌 대안을 찾는 데 집중을 하다 보면 가사 문제로 인해 에너지를 소모하는 일이 조금은 더 줄어들 것이다.

자녀가 어느 정도 성장하고 나면, 청소의 시간대를 정해서 그 시간만큼은 가족이 함께 청소하는 것도 방법이 될 것이다.

아이들은 청소가 놀이이다. 가족이 함께 청소를 마치고, 나머지의 시간을 가족의 휴식 시간으로 마련해보자. 가사는 부부가 함께하는 것이라는 인식을 받아들인다면 가사가 더 이상 큰 스트레스가 되지는 않을 것이다. 가사는 아무리 해도 표가 안 나는 일이면서도, 하지 않으면 금세 구멍이 나는 일이기도 하다.

부부가 서로의 우렁각시가 되어준다면 어떨까?

집안을 웃게 만드는 환경은 아이들이 아니라 부모의 몫이다. 각자의 위치에서 최선을 다한 부부의 노고를 서로가 인정해주고 감사하자. 가정은 우리가 숨 쉴 수 있는 가장 평온한 휴식 공간이 되어야 한다.

가족에서 0순위는 엄마 이전의 '나'

엄마가 나다울 때는 언제일까?

엄마가 되고 나면 자신보다는 엄마로서, 아내로서 사는 삶의 비중이 더 커지게 된다. 그런 가운데 어느덧 자신을 발견하게 된다. 도대체 나는 어디에 있는 거지?

배우자는 아이가 태어난 이전과 이후가 외관상 크게 달라 보이지 않는다. 아이 역시 무럭무럭 잘 자라고 있다. 그런데 엄마인 나는 어떠할까?

'나'라는 자신을 100으로 놓고 보았을 때 엄마로서의 크기와 아내로서의 크기를 뺀 나 자신으로서의 크기는 얼마나 될까?

아내가 된다는 것, 엄마가 된다는 것, 함께할 수 있는 가족이 있다는 것은 우리에게 축복과도 같다. 그러나 삶의 중심에는 항상 나 자신이 있어야 한다.

나 자신을 중심축으로 세우지 않으면 삶은 흔들리게 된다. 나의 정체성에 혼란이 생기게 된다. 나 스스로가 중심이 되어 삶이 돌아갈 때 우리는 진정한 행복과 살아있음을 느끼게 된다.

특히 자녀가 영유아기 때 엄마의 삶은 가장 큰 혼돈의 시기이기도 하다. 그동안 경험하지 못했던 내적 자아와의 만남이 이루어지는 시기이기 때문이다. 나란 사람에 대한 또 다른 나를 발견하기도 한다. 그동안 경험하지 못했던 다양한 감정들이 생기는 시기이기도 하다. 나와 아내와 엄마로서의 균형 잡기가 가장 어려울 때이기도 하다. 삶에 대한 우선순위가 나에게서 엄마로 바뀌는 시기이기 때문이다.

우리는 엄마이기 이전에 나로 살아가야 행복을 느낄 수가 있다. 나로 살아갈 수 있을 때, 엄마로서도 아내로서도 행복할 수가 있다. 가족에서의 0순위는 바로 자신이다. 그렇다면 1순위는 누구일까? 바로 배우자이다. 3순위가 바로 자녀이다. 1순위가 배우자가 되었을 때, 부모의 사랑이 골고루 아이에게 흘러간다. 그것은 부부의 사랑 역시도 마찬가지이다. 우리는 부모이기 이전에 부부라는 사실을 기억해야 할 것이다.

그리고 부부가 되기 이전에 내가 있었다는 사실을 발견해야 한다.

내가 있기에 부부가 되고, 엄마가 될 수가 있는 것이다.

엄마를 가장 사랑해야 할 시간은 바로 지금이며, 엄마 안에 배우자와 자녀를 기쁜 마음으로 초대하길 바란다. 엄마가 된 당신을 축복한다.

엄마만의 아지트가 필요하다

영유아기 시절에는 엄마의 손이 가장 많이 필요로 하는 시기이다. 나와 엄마의 적절한 균형이 가장 필요한 시기이기도 하다. 출산의 아름다운 고통이 엄마에게 1차의 성장이었다면, 출산 이후 육아의 시작은 엄마에게 2차의 성장 시기이다.

이 시기는 결국 지나가게 되어 있고, 비 온 뒤 땅이 더 단단하게 굳히듯 우리의 내면 역시 더 단단해지게 된다. 오히려 이 시기에 자신을 더 탐구하고 '나'란 존재에 대한 정체성을 다시금 재조명해보자.

나는 체력적으로 너무 힘이 들 때면 남편에게 도움을 청했다. 아이를 맡기고 책 한 권을 들고 나만의 아지트로 향했다. 맛있는 음식과 허브차와 음악이 있는 곳, 혼자만의 공간에서 나의 시간을 보냈다. 그 시간을 통해서 나는 몸과 마음을 충전하기 시작했다. 책을 보고 있노라면 그 황금 같은 시간이 끝나고 다시 아이에게 돌아가야 함을 엄마의 몸이 말을 건다. 신비하게도 아이가 배가 고플 시간이 되면 엄마의 가슴은 아름다운 모유로 채워지게 된다.

엄마가 행복 에너지로 온몸을 채울 때, 아이와 행복의 시간을 함께할 수가 있다. 이 시기에는 엄마만의 지정된 아지트를 만들어야 한다. 누구에게도 방해받지 않는 곳, 오로지 엄마 자신을 위한 장소, 무엇을 하건 상관없다. 엄마가 행복해할 수 있는 시간이면 그만이다.

엄마의 몸과 마음이 충만해야 아이 역시 돌보는 힘과 에너지가 생기기 때문이다. 아이는 엄마의 행복이란 영양분을 가장 필요로 한다. 엄마로서의 내가 1순위가 되었다면, 나 자신을 0순위로 만들어보자. 이 시기에는 엄마를 0순위로 만들더라도 모성애의 힘이 가장 강력한 시기이다. 엄마로서의 순위를 후순위로 하는 것에 대해서 전혀 걱정할 필요가 없다. 0순위의 의미는 자신에게도 휴식을 주라는 의미이기도 하다. 엄마의 쉼이 가장 필요한 시기이기 때문이다.

우선순위가 바뀌면, 엄마로서의 여유가 생겨난다. 여유는 자신을 돌아보게 하는 부드러움을 갖고 있다. 그 부드러움 속에 삶은 더 윤택해지고 행복해진다.

엄마만의 아지트는 자신을 위해서도 가족을 위해서도 꼭 필요하다. 엄마만의 아지트의 힘은 생각보다 강력하다. 앞만 보고 달려가는 엄마에게 주변의 경치를 돌아보게 하는 쉼터가 되어 주기도 한다.

우리에게 한 박자 쉬고 갈 수 있는 여유를 선물해 주자. 누구의 도움이 되었든, 아지트의 힘을 느껴보길 바란다.

엄마가 평온할 때 가정은 꽃밭이 된다

_나를 가장 사랑해야 할 시간

엄마에게 평온을 주는 3가지는 무엇일까

행복은 거창한 것이 아니다. 작고 소소한 일상 속에 있는 것이다. 특히 가족 안에서 행복을 느낀다면 가정이란 장소는 지상 최고의 낙원이 될 것이다.

자녀가 부모에게 주는 행복의 가치는 세상 그 무엇으로도 환산이 안 될 것이다.

그렇다면 우리는 자녀에게 무엇을 줄 수가 있을까? 그것은 바로 평온한 마음이다. 엄마의 마음이 평온으로 채워졌을 때 자녀에게 행복을 선물할 수가 있기 때문이다.

엄마가 평온하기 위해 가장 필요한 것은 무엇일까? 그것은 엄마마다 모두 다를 것이다. 엄마가 가장 좋아하는 3가지를 생각해보자.

나의 경우 책과 허브차와 음악이 있으면 평온을 지키는 데 충분하다. 그중에서 하나만 있더라도 즐거움을 느낄 수가 있다.

자신만의 평온의 보물을 갖고 있게 되면 자신의 마음을 다스리는데 있어서 도움이 된다. 엄마가 가진 평온의 3가지 보물을 발견해보자. 그 보물이 우리를 평온하게 지켜줄 것이다.

그리고 엄마만의 스트레스 해소법도 필요하다. 자신의 감정이 어지러울 때 어떻게 하면 제자리를 금방 찾는지 스스로가 알고 있게 되면, 좋지 않은 감정에 자신을 오랫동안 노출 시키지 않는다.

나의 경우는 보통 샤워를 한다. 나의 몸이 정돈되고 나면 불필요한 감정들이 씻겨 내려가는 느낌이다. 머리가 상쾌해지고 무언가의 에너지가 새롭게 충전되는 느낌이다. 자신을 사랑하는 법을 아는 사람은 마음에 큰 파도가 치더라도 곧 잠잠하게 만들 수 있는 힘을 가지고 있다. 자신의 마음을 스스로가 제어할 수 있기 때문이다. 우리 모두에게는 그러한 힘이 있다.

자신만의 스트레스 해소법을 찾아보자. 운동도 좋고, 다른 무엇도 좋다. 자신의 마음을 긍정 에너지로 바꾸는 것에 초점을 두면 된다. 물론 타인에게 피해가 가지 않도록 말이다.

우리는 스스로를 어떻게 사랑해 주고 있을까? 우리는 자신을 얼마나 잘 알고 있을까?

사랑이란 타인이 채워 줄 수가 없다. 엄마 스스로가 사랑을 채웠을 때 그 사랑의 힘으로 가족을 사랑할 수가 있게 된다. 그래야만 엄마의 사랑과 가족의 사랑이 만나게 된다. 그 사랑이 곧 행복의 도가니가 된다.

행복이 피어날 때 가정은 꽃밭이 되게 된다. 꽃밭에서 뛰어노는 가족을 생각해보자.

보기만 해도 흐뭇하고, 생각만 해도 가슴이 벅찰 것이다.

누군가 가족의 어원을 다음과 같이 정의했다.(실제의 어원과는 무관하다고 한다.)

Family(가족)= father and mother i love you!(아버지, 어머니 나는 당신들을 사랑합니다.)

영문의 첫 글자를 따게 되면 Family가 된다.

우리의 가족을 아낌없이 사랑해주고, 아낌없이 보듬어주자. 세상에서 가장 아름다운 사람들의 모임은 바로 우리가 속한 가족이다. 가정에서 출발된 사랑은 결국 아름다운 사회로 흘러가게 된다.

가정의 행복 요리사는 바로 엄마

사자와 소가 사랑에 빠졌다.

사자는 소를 너무나 사랑했다. 그래서 매일같이 짐승을 잡아다가 소에게 주었다. 그리고 소 역시도 사자를 너무나 사랑했다. 매일같이 신선한 풀을 뜯어다가 사자에게 갖다 주었다. 둘 사이의 사랑이 오래갈 수가 있었을까? 무엇이 문제일까?

소는 초식동물이기에 사자가 준 짐승을 먹을 수가 없었고, 사자는 육식동물이기에 소가 준 신선한 풀을 먹을 수가 없었다. 사자와 소의 러브스토리로 이솝 우화에 나오는 이야기이다.

우리는 상대방을 대할 때, 상대방의 입장보다는 자신의 관점에서 생각하고 해석을 하게 된다. 그래서 다른 상대방의 생각이 이해되지 않을 때가 있다.

우리들의 사랑하는 가족 역시도 마찬가지이다. 사람은 누구나 서로 다른 기질을 갖고 있다. 그 기질이 첫 번째로 존중되어야 할 곳이 바로 가정이란 곳이다.

서로 다른 생각이 틀림이 아니라, 다르다는 것을 받아들일 때 존중은 시작된다.

서로 다른 색깔들이 모여 있는 곳이 바로 가정이다. 하나의 요리를 만들더라도 각각의 재료와 색깔들이 모두 다르다. 서로 다른 재료들이 모여서 조화를 이루며 맛있는 요리가 탄생하는 것이다.

가정이 있다는 것은 행복할 수 있는 재료를 모두 갖추고 있는 셈이다. 그 행복을 어떻게 요리하느냐에 따라서 맛있는 음식이 될 수도 있고, 아닐 수도 있다. 그 행복을 요리하는 사람이 바로 엄마이다.

엄마는 가정의 행복 요리사이다. 행복을 요리하는 데 있어서 필요한 것이 바로 존중이다. 엄마가 된 자신을 가장 사랑하되, 상대방을 자신보다 한 단계 더 높이 존중을 하게 되면 그 존중은 배 이상이 되어 돌아오게 된다. 엄마가 사랑을 더 베푸는 것 같지만 사실은 사랑을 더 받게 된다.

우리는 이미 행복의 만능열쇠를 갖고 있다. 행복으로 향하는 문은 다양하게 있다. 그 문을 열고 들어갈 수 있는 용기만 있으면 되는 것이다. 가족이란 울타리는 우리가 무한대의 긍정에너지를 뿜을 수 있게 하는 곳이다. 기쁨이 넘치는 곳 역시, 우리의 가정이다. 가정을 아름답게 만들 수 있는 사람 역시 엄마의 역할이 크다.

서울대 행복연구센터에 의하면, 최고의 행복을 주는 사람으로는 연인, 그리고 가족과 친구로 나타났다.

엄마에게는 자신의 배우자가 연인이 될 것이며 친구를 포함한 가족은 우리가 행복을 느낄 수 있는 가장 중요한 구성원들이다.

우리는 사랑하는 사람들이 기뻐야 나 역시도 기쁨을 느낄 수가 있다.

사랑의 선순환이 일어났을 때 우리는 더 깊은 사랑을 느낄 수가 있게 된다.

엄마가 된 자신을 먼저 사랑하고, 가족을 사랑하자. 가정을 세상에서 가장 편안한 휴식공간으로 만들어보자. 엄마가 좋아하는 엄마만의 공간도 만들어보고, 배우자와 자녀가 가장 좋아하는 공간도 만들어보자. 가장 중요한 것은 가정에 행복의 기류를 형성해 보는 것이다.

가정의 중심은 부부가 먼저다

엄마의 러브스토리는 어떠했을까?

잠시 옛 추억으로 들어가 보자. 결국, 두 사람의 사랑으로 결혼을 하고, 사랑스러운 자녀를 얻게 되었다.

자녀의 탄생은 축복과도 같은 일이다. 부모가 된 우리 역시도 축복을 선물받았다. 결혼기념일을 맞아 남편은 함께 갈 곳이 있다고 했다.

아이들과 함께 서둘러 준비를 하고, 도착한 곳은 우리가 데이트하고 결혼식을 했던 장소였다. 그곳을 지날 때마다 남편은, '저 건물은 엄마 아빠가 결혼식을 했던 장소야.'라고 아이들에게 말하곤 했었다. 나중에 그곳을 지나갈 때면 아이들이 먼저 '엄마 아빠 결혼식 했던 곳이다.'라고 소리치곤 했다.

기분이 참 묘했다. 10년이 넘어서 찾아간 그 추억의 장소, 결혼식장은 그대로였지만 함께했던 레스토랑은 바뀌어 있었다. 그곳에서 우리는 둘이 아닌 넷이서 식사를 즐겼다. 둘이서 아름다운 야경을 바라봤다면, 이제는 넷이서 야경을 즐겼다.

기념일이라서 가족사진도 찍어주었다. 우리는 10년 전의 추억장소에서 둘이 가 아닌 넷이 되어 아름다운 추억 한 컷을 그리고 있었다.

인간은 사랑 없이는 살아갈 수가 없다.

나를 위한 사랑, 연인을 위한 사랑, 자녀를 위한 사랑, 부모를 위한 사랑, 친구를 위한 사랑, 동료, 이웃 역시 모두 마찬가지이다.

엄마의 사랑에 눈을 뜨게 해준 사람이 바로 우리가 선택한 지금의 배우자이다. 엄마로서 자녀에게 느끼는 사랑과 배우자로부터의 사랑은 또 다른 영역이다. 자녀에게 줄 수 있는 최고의 교육은 부부가 서로 존중하며 행복하게 사는 모습이다.

부부가 함께했던 아름다운 추억의 장소를 떠올려 보자. 그리고 그곳을 자녀와 함께 떠나보자. 또 다른 설레임을 주게 할 것이다.

세상에서 가장 행복한 부자는 아마도 행복한 추억이 많은 사람이 아닐까 생각해본다.

가족과의 소중하고 아름다운 추억들을 많이 남겨보자.

우리는 자녀가 행복하게 살길 원한다. 그런데 그 행복이 가정에서 비롯됨을 간과하곤 한다. 부모가 나무의 견고한 뿌리라면 자녀는 탐스러운 열매이다. 부모의 뿌리를 건강하게 유지하는 것이 자녀에게는 최고의 행복 열매를 선물하는 것이다.

부부가 가정의 중심이 될 때 가정에는 태양의 따사로운 빛이 들어오게 될 것이다.

한 달에 하루는 부부의 날

엄마에게는 어떤 향기가 날까?

사람은 누구나 자신만의 고유한 향을 지니고 있다. 엄마의 향기는 자신이 가장 잘 알고 있다. 엄마의 향기를 자신이 아름답게 가꾸어 나갈 때 엄마는 여자로서 더 행복해질 수가 있다. 엄마의 내면을 항상 풍요롭게 가꿀 수 있도록 노력해보자. 엄마를 스스로 사랑하게 되면, 엄마의 내면과 외면을 가꾸는 데 소홀해지지 않는다. 엄마에게 가장 젊은 날은 바로 오늘이라는 사실을 잊지 말자.

한 달에 하루는 부부의 날로 지정해보는 것은 어떨까? 두 달에 한 번도 좋다. 자신의 상황에 맞게 계획해 보는 것이다.

자녀가 어리다면 현실적으로 쉽지 않은 부분이다. 친지들의 도움을 받을 수가 있다면 반나절이라도 좋다. 영화를 보고 차를 마시든, 드라이브하든, 중요한 것은 부부의 둘만의 시간이라는 것이다.

엄마가 여자로 살아갈 때 가장 행복하듯, 배우자 역시 아빠의 역할만이 아니라 남자로 살아갈 수 있도록 배려해 보자.

최고의 연인 사이는 바로 부부 사이이다. 부부만의 아름다운 추억 역시 하나씩 하나씩 쌓아나가길 바란다. 우리의 자녀가 소중하듯, 배우자 역시도 아끼고 사랑해주자. 부부의 사랑이 샘솟을 때, 그 사랑은 자녀에게로 가족 전체에게로 흘러가게 될 것이다. 그리고 무엇보다 엄마가 먼저 행복해지게 된다.

결혼하고 나면, 문화에 대한 충돌이 일어나기도 한다. 문화에 대한 충돌은 나라와 나라만의 문제가 아니다. 가정에서도 일어나게 된다. 20년 이상을 서로가 다른 문화 속에서 살다가 한 장소에서 만난 것이다. 그 문화에 대한 충돌은 지극히 자연스러운 현상이다.

그렇다면 그 충돌을 어떻게 이해해야 할까?

부부란 반쪽의 하트가 만난 것이 아니다. 각각의 온전한 하트가 존재하는 것이다.

반쪽짜리 하트라 여기게 되면 어떻게 될까? 자신도 모르게 하트를 맞추려고 애쓰고 있는 자신을 발견할 수도 있다. 하트의 모양과 크기는 각자의 문화 속에서 모두 제각각이다. 부부는 서로가 독립적인 인격체이기 때문이다. 서로의 모양이 다른 하트를 인정하고 스스로가 조금씩 아름다운 하트로 다듬어질 뿐이다.

부부만의 데이트 시간에는 부부만의 대화로 채워보자. 자녀의 대화로 전체가 채워지게 되면 자녀와 함께 데이트를 하고 있는 것과 마찬가지가 된다. 부부만의 대화가 주를 이룰 때 부부는 서로가 더 깊은 유대감을 느끼게 된다. 그리고 부부만의 사랑의 싹이 더 크게 자라게 된다.

우리의 노년을 생각해보자. 부부는 가장 가까운 연인이면서도 함께 늙어가는 영혼의 친구이기도 하다. 부부의 노년의 모습을 아름답게 하기 위해 지금부터 노력해보자.

노년의 삶을 위해서가 아니라, 바로 오늘의 삶을 행복하게 살기 위해서이다.

오늘은 우리에게 어떤 보상을 해줘볼까

엄마로서 오늘도 최선을 다하고 있는 우리, 오늘은 우리에게 특별한 날을 만들어 보는 것은 어떨까? 자신을 위해 후리지아 한 단의 꽃도 좋고, 누군가 차려준 한 끼의 맛있는 식사도 좋다. 그것으로 인해서 자신이 조금 더 행복해질 수 있다면 그것으로 대만족이다.

대부분 엄마가 되는 순간, 자신보다는 배우자와 아이들에게 사랑이 더 가기 마련이다. 나의 사랑보다는 내가 사랑하는 사람들을 더 위해 주고 싶기 때문이다.

엄마라는 이름이 자신보다는 가족이란 이름으로 자연스럽게 스며들게 된다. 그에 따라 엄마는 가족 안에서 자신을 잘 분리하지 못한다.

행복은 나와 아내와 엄마라는 이름을 분리할 수 있을 때 출발하게 된다.

우리는 엄마가 된 이후에 자신을 위해서 꽃 한 송이를 사본 적이 있었을까? 쇼핑하러 가더라도 자신의 것보다는 배우자와 자녀의 것을 먼저 챙겼을 것이다. 밥을 푸는 순서는 또 어떠할까? 맨 마지막 밥이 바로 엄마의 밥이다. 어떤 경우에는 자신을 위한 보상을 사치로 생각하는 경우도 있었을 것이다. 그런데 과연 그것이 사치일까?

부부의 한 달 소득 중에서 자신이 써야 할 돈은 꼭 필요하다. 자기계발비가 되었든 자신을 위한 보상이 되었든 중요한 것은 자신이 자유롭게 사용할 수 있는 돈이어야 한다. 그 돈은 많고 적음의 문제가 아니다. 다만 매달마다 자신이 자유롭게 사용할 수 있다는 것이 핵심이다. 만 원도 좋고, 10만 원도 좋다. 자신의 경제 상황 계획에 맞추어서 사용해 보는 것이다. 이번 달은 이 돈으로 무엇을 해볼까? 설레는 기분을 느낄 수가 있을 것이다.

나의 경우는 소득의 몇 %는 자기계발비로 남편과 나의 금액이 매달 똑같다. 그 돈으로 무엇을 하든지 전혀 개의치 않는다. 자신을 위한 공부이든, 자신을 위한 보상이든, 가족에게 선물을 하든, 전혀 상관이 없다. 그 돈은 자신이 자유롭게 사용할 수 있는 돈이기 때문이다. 소득이 올라가게 되면 자기계발비 역시 올라가게 된다.

우리 부부의 경우 책을 좋아하기에 대부분 책을 사는 데 사용된다. 그러나 꼭 책이 아니라도 좋다. 무엇을 하든 상관이 없다. 매달 쓸 수 있는 그 자유로움으로 인해서 엄마의 삶이 조금 더 활력이 더해 가면 그만이다. 그것이 핵심이다.

자신에게 칭찬해주고 싶은 일이 생겼다거나, 자신을 위로하고 싶어줄 때, 스스로에게 작은 보상을 해줘보자.

보상은 나를 위한 사랑의 방법 중 하나가 된다. 자신에게 보상을 해주고 나면 우리는 그 에너지를 이용해서 앞으로 더 나아갈 수가 있게 된다. 큰 보상을 위해서 자신을 억누르기 보다는 작은 보상의 빈도수를 늘려가 보자.

나를 사랑해야 할 시간은 바로 지금

사랑의 첫 번째 조건은 바로 자신을 위한 사랑이다. 그렇다면 나를 사랑하는 데 지금 내가 할 수 있는 것은 무엇이 있을까?

나를 사랑하는 데 필요한 10가지 질문이다.

1. 오늘 하루 중에서 내가 가장 기뻤던 일은 무엇이었을까?

2. 오늘 하루 중에서 내가 나에게 가장 고마웠던 일은 무엇이었을까?

3. 오늘 하루 중에서 나의 자유 시간은 얼마나 되었을까?

4. 오늘 하루 중에서 나는 얼마나 미소 지었을까?

5. 오늘 하루 중에서 나는 자신에게 축복의 말을 몇 번이나 해주었을까?

6. 오늘 하루 중에서 나는 작은 행복을 몇 번이나 느꼈을까?

7. 오늘 하루는 나에게 어떤 선물이었을까?

8. 내일은 나에게 어떤 선물을 줘볼까?

9. 어제보다 오늘을 조금 더 기쁨으로 채웠을까?

10. 어제처럼, 오늘도 그렇게 나를 사랑해볼까?

우리의 하루를 돌아보며 질문에 답을 해보는 것이다. 위의 질문이 아니라 자신이 직접 질문을 만들어보는 것도 좋다. 질문을 통해서 우리는 스스로가 생각하게 되고, 자신을 더 나은 방향으로 이끌게 된다.

우리는 스스로가 자신의 삶에 대해서 코치가 되어야 한다.

자신의 머릿속을 되도록 긍정과 기쁨으로 채워 가보자. 찡그리기 보다는 많이 웃고, 많이 움직이고, 많이 표현해보자.

오늘이라는 하루를 자신에게 어떤 선물로 만들어 갈지에만 초점을 맞춰 보자. 그것은 오로지 자신만이 만들어 갈 수가 있다. 평범한 하루를 특별한 하루로 만드는 힘은 오로지 자신에게 달려 있다.

자신을 믿고, 자신을 사랑하고, 자신을 인정해주자. 그 특별함의 시작은 바로 지금부터이다.

엄마,
독서 공부

_가장 나다움을 발견할 시간

독서의 목적은
나의 내면의 거울을 보기 위함이다.

자존감을 높이는 데 독서가 왜 중요할까

_가장 나다움을 발견할 시간

나다움을 알면 자존감이 올라간다

인생은 '나'라는 사람을 탐구하는 것이다. 나를 탐구하는 데 있어서 도움이 되는 것 중 하나가 바로 책이다.

책은 우리가 마음만 먹으면 언제든지 쉽게 접할 수가 있다. 독서를 통한 혜택 가운데 하나는 바로 나다움을 발견하게 되는 것이다.

책은 타인의 경험과 지식 그리고 지혜를 통해서 나 자신을 비춰보게 하는 거울과도 같다. 그 거울을 통해서 나다움을 알게 되면 우리의 자존감은 올라갈 수밖에 없다.

나 자신을 잘 알고 있기에, 자신이 추구하는 삶의 가치관을 스스로가 정립해 나가게 된다. 또한 배움과 경험이 녹아져 자신의 삶을 긍정적으로 조금씩 변화하게 된다. 그러고 나서 어떻게 될까? 타인의 부정적인 말에 쉽게 동요되거나 흔들리지 않게 된다. 자신의 삶을 타인과 비교해서 쉽게 절망하거나 좌절하지도 않는다. 그 이유는 바로 자신의 삶의 중심에는 항상 자신이 서 있기 때문이다.

책을 읽는 궁극적인 이유가 무엇일까? 그건 바로 나다움을 알고 나답게 살기 위함이다. 나다움을 알기 위해서 가장 중요한 것은 자신에게 질문을 해보는 것이다.

1. 나만의 달란트는 무엇일까?
2. 나는 삶의 가치를 어디에 두고 있을까?
3. 나는 무엇에 몰입을 느끼고 있을까?
4. 나의 삶에 나를 가장 방해하는 요소는 무엇일까?
5. 그 방해요소를 어떻게 하면 해결할 수가 있을까?
6. 나는 지금 나답게 살아가고 있을까?
7. 만약 그렇지 못하다면 무엇이 문제일까?
8. 나답게 살기 위해 오늘 내가 변화해야 할 일이 무엇이 있을까?
9. 나는 무엇에서 행복을 느끼고 있을까?
10. 나에게 가족이란 어떤 의미일까?

질문은 우리의 뇌를 생각하게 만든다. 질문의 내용이 깊을수록 우리는 더 깊게 생각을 하게 된다. 깊게 생각을 할수록 내가 나를 더 잘 알게 되고, 나를 더 깊이 존중하게 된다. 나의 존중은 곧 타인의 존중까지 이어지게 된다.

하루 24시간 중, 자신과의 대화에 우리는 얼마만큼의 시간을 내어주고 있을까?

하루 동안 열심히 살아온 자신에게 우리는 얼마나 많은 칭찬과 격려를 해주고 있을까?

나를 가장 깊이 이해하고 있는 사람은 타인이 아니다. 바로 자신이다. 오직 자신이 되어야만 한다. 그러기 위해서는 자신과의 끊임없는 대화가 필요하다. 그 대화의 시작이 바로 자신에게 질문을 던져보는 것이다. 그리고 그 답을 스스로가 내어보는 것이다. 스스로에게 질문을 하고, 답을 찾는 데 역시 책이 좋은 힌트가 되어줄 것이다.

내가 나 스스로를 온전하게 대할 때, 타인 역시도 우리를 온전하게 대하게 된다. 삶이란 내 인생의 참된 주인으로서 나를 알아가는 여정이다. 그 여정 속에 필요한 준비물 중의 하나가 바로 책이다.

타인과 자신은 비교대상이 될 수 없다

우리는 종종 타인과 자신을 스스로 비교 속에 가두기도 한다. 그런데 잘 생각해보자. 사람은 누구에게나 장단점이 있기 마련이다. 어느 한쪽이 뛰어나면 한쪽은 기울기 마련이다. 각자가 잘하는 영역이 모두 다르기 때문이다. 그런데 우리는 보통 타인과 비교를 할 때는 자신의 단점과 상대방의 장점을 두고 비교를 하게 된다.

혹시나 타인과 비교가 된다면, 자신감이 떨어져 있지는 않은지 자신을 체크해볼 필요가 있다. 여성의 경우, 결혼과 출산, 육아라는 거대한 산을 통과하고 나면 누구에게나 발생할 수 있는 요소이다.

삶을 살아가며 자신감은 올라가기도 하고, 떨어지기도 한다. 너무도 자연스러운 일이다. 그러나 삶의 본질이 되는 자존감은 절대로 떨어져서는 안 된다.

자존감을 바닥으로 떨어뜨리는 것은 자신을 부정하는 일이다. 자존감이 무너지게 되면 회복하는 데 역시 많은 시간과 노력이 필요하다.

우리는 자신을 아끼고 사랑해야 하는 존재임을 하루도 잊어서는 안 된다. 마음속 깊은 곳에 사랑을 심어놓고 자신을 보살펴야 한다. 자신을 보살피는 데 책은 위안이 되어줄 것이다. 책을 가까이 하게 되면, 나 자신을 바로 알게 되고, 나 자신과의 대화가 가능하다. 그러하기에 자존감이 낮아질 확률은 적을 것이다.

또한 자신의 마음을 항상 평온하게 유지해 주는 데에도 도움이 될 것이다.

책을 우리의 친구로 만들어보자. 책은 자는 법도 없다. 항상 깨어 있기에 우리가 언제든 부르면 새벽에도 달려와 준다. 기분이 좋지 않을 때는 살며시 다가와서 달래주고 가기도 한다.

책은 우리에게 위안이고, 기쁨이며, 평화이다. 책의 즐거움을 알게 되면, 자신을 타인과 비교하는 일도, 자존감이 낮아질 일도 줄어들 것이다. 타인과 자신이 비교 대상이 될 수 없다는 것 역시 알게 될 것이다. 그리고 타인이 있기에 우리가 배울 수가 있는 것이다.

나는 누구일까

우리의 삶에서 우리가 추구하는 우리만의 길이 있을 것이다. 그 길에 대해서 깊이 고민해본 사람은 우리 자신에 대해서도 깊이 이해하고 있을 것이다.

'인생이란 무엇일까?'라는 질문에 대해서 고민하기 시작한 것은 중학교 1학년 때부터이다. 도덕 시간에 배웠던 '인간이란 무엇인가?'라는 질문에서부터 시작되었다. 그때 만났던 소크라테스, 공자, 맹자, 노자 이런 철학자들의 말이 나의 삶을 깊게 고민하게 했다.

일기를 쓰기 시작한 것 역시 그때부터이다. 그때 만약 책들을 접했다면 나의 고민은 더 확장되어 사고의 크기가 넓어졌을 것이다.

그러나 당시에는 그런 생각을 하지 못했었다. 그냥 그런 철학자들의 말이 좋았을 뿐이었다.

그렇게 시간이 흘렀고, 대학 졸업 후 첫 직장이, 광화문 교보문고와 가까웠다.

퇴근 후에는 지하철역과 연결된 교보문고가 매일같이 들렀던 나만의 아지트였다. 책들을 만나며, 나의 삶에 대한 고민이 다시 시작되었다.

'삶은 무엇인가?', '어떻게 살아야 하는가.'라는 질문으로 다시 시작된 것이다.

그때 내렸던 나의 결론은 삶이란 결국 '행복 추구'라는 답이었다.

그때부터 '행복'이란 이 두 글자에 꽂히게 되었다.

과연 행복이란 무엇일까? 행복하려면 어떻게 살아야 할까라는 질문으로 확장되어갔다. 그때부터 '나'라는 사람을 탐구하기 시작했다.

나는 무엇을 좋아하고, 무엇을 싫어하며, 무엇을 할 때 행복을 느끼는지, 나의 삶의 중심에는 항상 행복이란 기준의 가치가 존재하고 있었다. 그리고 행복한 삶을 살기 위해서는 결국 내가 좋아하는 일을 해야겠다고 결론지었다. 그것이 바로 꿈이었고, 꿈을 이루어 나가는 과정이 행복과 하나의 세트 개념으로 이해했다.

내가 추구하는 것이 행복이고, 다른 사람을 조금 더 행복하게 도와주는 것이 곧 나의 행복이라는 것을 알게 되었다. 그때부터 '행복을 나누어 주는 사람이 되자.'라는 꿈이 생겼다.

회사를 다니며 나의 꿈을 항상 가슴에 품고 다녔었다. 꿈이 있었기에 나는 항상 자신감이 충만해 있었다.

초반에는 자기계발서 분야의 책들로 읽기 시작하였다. 특히 꿈을 다루는 동기부여를 하는 책들은 20대였던 나의 심장을 뜨겁게 달구었다. 한번 읽기 시작하면 다음 페이지 내용이 궁금해서 참을 수가 없었다. 지하철에 내려서도 책을 보며 집까지 걸었다. 걸어가다가 어둑해지면 핸드폰 플래시 불빛으로 한 글자, 한 글자를 읽어나갔다.

책을 보다 밤을 새고 다음 날 출근한 적도 여러 번 있었다.

그때 만났던 책들은 나의 삶의 나침판이 되어주었다. 그리고 책의 장르가 점점 확대되어 갔다. 인문고전을 만나게 된 것이다.

공자의 〈논어〉, 〈대학, 중용〉, 율곡 이이의 〈성학집요〉, 사마천의 〈사기〉와 〈사기본기〉, 관중의 〈관자〉와 〈고문진보〉, 플라톤의 〈소크라테스의 변명〉, 〈국가〉, 오긍의 〈정관정요〉, 정약용의 〈유배지에서 보낸 편지〉, 맹자의 〈맹자〉, 아리스토텔레스의 〈범주론, 명제론〉, 키케로의 〈노년에 관하여〉, 아우렐리우스의 〈명상록〉, 랄프왈도 에머슨의 〈자기 신뢰〉 등 자기계발서를 읽다가 고전을 만나게 되니, 책의 깊이감에 매료가 되었다. 또 다른 신세계였다.

주로 고전에 집중해서 읽어나갔다. 책을 읽고 있으면 필기구 없이는 책을 볼 수가 없었다. 밑줄을 긋지 않고서는 도저히 다음 텍스트로 넘어갈 수가 없었다. 혹시라도 펜이 없는 날에는 모르는 분에게도 펜을 좀 빌릴 수 있냐며 묻기도 했었다. 그렇게 책과 친구가 되다 보니 직장을 다니면서도 매년 100권을 넘어섰다.

책을 읽을 시간을 따로 마련한 것이 아니라, 출퇴근 지하철 안, 회사에서는 점심시간, 퇴근 후에는 교보문고, 마음에 드는 책이 있으면 가슴에 품고 데려왔다. 그런 날엔 무슨 보물이라도 발견한 것처럼 가슴이 벅차올랐다. 집에 도착해서는 취침 전, 친구를 만나더라도 기다리는 동안에 책을 보았고, 주말에는 도서관 등 지금 생각해보면 자투리 시간을 모두 독서로 채웠었다

책은 내 삶의 평생 친구

책은 나의 삶에 깊숙이 침투되어 있었다. 나의 삶과 동반하는 친구가 되어 있었다. 그러다가 남자친구를 만나고 우리의 데이트 장소는 월드컵공원 아니면 대부분 도서관행이었다. 약속이나 한 것처럼 만나면 자연스럽게 도서관을 향했다.

공원에 있던, 도서관에 있던 우린 항상 책과 함께였다.

당시에는 남자친구가 책을 좋아하는 사람인 줄은 몰랐다. 주로 컴퓨터 전공 서적 공부를 많이 했었다. 결혼하고 보니, 책 읽는 양이 나보다 더 많은 사람이란 것을 알게 되었다. 나의 책과 남편의 책이 더해지니 방이며 거실이며 책들로 가득 채워졌다. 해가 거듭될수록 우리의 책은 계속 불어났다. 특히나 톨스토이 생전의 마지막 작품인

〈살아갈 날들을 위한 공부〉는 내가 어떻게 살아가야 할지, 커다란 귀감이 되었다. 이 책은 톨스토이가 말년에 소설 쓰기를 그만두고 명상을 통해 얻은 글 모음집이다. 거의 80세가 되어서 쓴 글이다 보니 삶에 대한 지혜로운 성찰들로 가득했다. 어느 날, 톨스토이에 심취한 나를 보며 남편이 톨스토이 명언집을 선물해주었다.

명언집을 읽는데, 책을 읽어나가며 글 속에서 보석을 발견하며 만나는 감흥과 명언들만을 읽었을 때의 느낌은 확연히 달랐다. 산속 깊은 곳을 뒤지며 스스로 산삼을 발견하는 것과 누군가 산삼이라며 건네준 약초의 느낌과 같았다. 그 이후 나는 내가 산삼을 발견하는 쪽을 택한다.

책과 관련해서 일어난 일화도 있었다. 어느 날, 교보문고에서 책을 고르고 있는데, 한 남자가 다가와서 자신이 책을 함께 골라주겠다며 지하철역 게이트까지 따라와 연락처를 주며 당황케 했던 일, 퇴근 후 지하철역에 내려서 책을 보며 걸어가고 있는데, 자신은 원래 두정거장 전에 내렸어야 했는데, 첫눈에 반해서 따라왔다며 연락처를 주고 간 일, 책을 보고 있는 나에게 정장을 말끔히 차려입은 한 외국인이 다가와 연락처를 받을 수가 있느냐며, 계속 다가와 지하철역 중간에서 내려버린 일, 그 당시에는 너무나 당황스럽고 무서움이 더 컸었던 것 같다.

시간이 흘러서 어느덧 엄마가 되고 나니 지금은 웃으며 말할 수 있는 에피소드가 되어 있다. 20대에 책을 읽고 있는 모습이 인상적으로 다가왔던 것 같다.

책을 무엇으로 표현해야 할까. 2,500여 권이라는 책이 누군가에게는 적을 수도, 누군가에게는 많을 수도 있을 것이다. 다독이 좋다고는 하지만, 내 생각은 한 권의 책을 읽더라도 꼭꼭 씹어서 자신의 것으로 소화해보는 것이다. 그리고 그 책을 읽고 끝나는 것이 아니라 자신이 생각하는 사고와 부합된다고 여기면 그것을 나의 삶에 적용해 보는 것이다. 생각만 하는 것과 실행에 옮기는 것은 전혀 다른 영역이기 때문이다.

책을 통해서 행복감을 느껴본 사람들은 먹고 또 먹고를 반복하고 있을 것이다. 책 읽는 즐거움을 알아버린 사람들이기 때문이다.

20대의 삶을 돌아보면, 앞으로의 삶의 방향에 대해서 고민하다가 밤을 새운 적도 있었다. 결국 20대에 그렸던 꿈의 모습을 지금도 닮아가는 중이다. 나를 탐구하는 데 있어서 독서만큼 더 좋은 도구가 또 있을까?

독서는 엄마를 신세계로 안내한다

_가장 나다움을 발견할 시간

책은 초콜릿이다

독서를 통해서 얻게 되는 가장 큰 이로움은 무엇일까? 그것은 바로 행복에 대한 본질을 느끼게 해주는 것이다. 아주 작고 사소한 일상들 속에도 깊은 행복감을 느낄 수 있게 만든다.

TV라는 매체와 달리 책은 자신이 원하는 시점에 일시 정지가 가능하다. 사색을 할 수 있다는 것 역시 장점 중 하나일 것이다.

자기 생각을 글로 적어보기도 하고, 책장을 덮고 책의 내용을 다시 한번 음미해보기도 하고 이해가 되지 않았다면 되감기 기능도 있어서 여러 번 다시 다녀올 수가 있다. 책을 보다가, 할 일이 생겼다면, 책꽂이나 볼펜을 끼워놓으면 그만이다. 언제든지 이어보기가 가능하다. 빨리 읽어달라고 보채지도 않는다. 나의 페이스대로 그냥 가면 되는 것이다.

독서 하는 방법을 크게 8가지로 구분하기도 한다.

다독(多讀) : 여러 권의 책을 많이 읽는 방법

정독(正讀) : 뜻을 새겨가며 밑줄 등을 긋고 주의 깊게 읽는 방법

통독(通讀) : 한 권의 책을 여러 번 통달할 때까지 읽는 방법

적독(摘讀) : 자신이 필요하다고 여기는 부분만 골라서 읽는 방법

지독(至讀) : 읽고자 하는 부분을 깊게 생각하고 새기면서 필사 등을 하며 읽는 방법

속독(速讀) : 보통의 속도보다 빠르게 읽어나가는 방법

묵독(默讀) : 소리 내지 않고 눈과 마음으로 읽는 방법

음독(音讀) : 묵독과 반대로 소리를 내어서 읽는 방법

글의 성격과 특성에 따라서 자신의 목적과 상황에 맞게 다양한 독서법들을 활용하면 된다.

나의 경우는 책의 글자 하나하나를 읽고 밑줄을 그어가며 보는 스타일이다. 주로 정독에 해당이 된다.

책에는 내 생각들을 적기도 하고, 가족에 대한 사랑의 메시지를 남기기도 한다. 읽고 나서는 글의 느낀 점을 간략하게 한 줄이나 혹은 여러 줄로 표현해본다.

마지막에는 연도를 포함한 날짜와 나이를 적는다. 시간이 한참 지나서 다시 그 책을 찾았을 때 그 나이 때의 나의 생각들을 엿볼 수가 있다.

책을 읽는다는 것은 숙제가 아니다. 즐거운 일이다. 하루에 읽어야 할 페이지수를 정하고, 1년에 몇 권 읽기를 목표로 하고, 새해가 되면 자신만의 독서계획들을 세우기도 할 것이다.

문화체육관광부가 발표한 2017년 '국민독서실태조사' 결과에 따르면 1년 동안에 성인이 읽는 종이책은 평균 8.3권 정도라고 한다. 초등학생의 경우 67.1권, 중학생인 경우 18.5권, 고등학생은 8.8권으로 집계되었다. 책을 읽지 못하는 가장 큰 이유는 '일, 공부 때문에 바빠서 책 읽을 시간이 없다.'라는 응답이 가장 많았다.

책을 초콜릿에 비유해 보자. 각자 다양한 모양의 예쁜 초콜릿들이 상자 안에 하나씩 하나씩 개별 포장되어 예쁘게 놓여있다. 그중에서 가장 맛있어 보이는 예쁜 초콜릿을 하나 골랐다. 무슨 맛일까? 궁금해하는 동안 이미 입안에서는 침이 고인다. 살포시 한 입만 베어 먹었다. 맛이 너무 달콤하다. 남은 초콜릿을 마저 먹는다. 그리고는 또 다른 모양의 초콜릿을 선택해서 또 먹는다. '살이 찔 수도 있을 텐데'를 걱정하면서도 손이 자꾸 간다. 어느새 초콜릿 한 상자를 모두 먹어버렸다. 초콜릿의 달콤함을 알아버렸기 때문이다.

어쩌면 책도 초콜릿과 같을지도 모른다. 내가 애써 바쁜 시간의 일정을 쪼개어서 책 읽을 시간을 숙제처럼 마련하는 것이 아니라,

책의 달콤함을 느끼게 되면 내가 애써 읽으려 하지 않아도 스스로 찾을 수밖에 없게 되기 때문이다.

이제, 초콜릿의 달콤함을 알았다면 한 단계 더 나아가 음식 맛으로 느끼게 될 수도 있다. 어떤 날은 한식 요리, 어떤 날은 중식 요리, 어떤 날은 프랑스 요리, 어떤 날엔 최고급 뷔페 요리, 어떤 날엔 달콤한 아이스크림, 어떤 날엔 평온한 허브차, 골라 먹는 재미와 기분에 따라 선택할 수 있는 재미를 느끼게 된다. 중요한 것은 타인의 강요가 아니라 선택권이 모두 자신에게 있다는 것이다. 자신의 취향대로 음식을 선택하면 된다.

독서는 자신과 의지와의 싸움이 아니라 자연스럽게 생기게 되는 작은 습관이다. 독서를 꿈꾼다면 자투리 시간을 이용해서 반 페이지도 좋고, 한 페이지도 좋다. 무리한 목표보다는 텍스트 한 문장이라도 독서의 맛을 음미하며 느끼는 것이 핵심이다.

그러기 위해서는 복잡하고 이해하기 어려운 책이 아니라, 책이 자신을 이끄는 책을 고르면 된다. 독서가 일종의 무리한 숙제가 아니라 가볍게 즐기는 놀이와 휴식이라 여기면 좋다. 그러고 나면 어느덧 독서가 습관이 되어 있는 자신을 발견하게 될 것이다.

책의 맛을 느꼈다면 자신이 어디를 가든 책을 동행시키게 될 것이다. 출장과 여행 등 어디를 가더라도 책과 함께 있는 자신을 발견하게 될 것이다.

비행기를 타고 구름 위에서 책을 읽어본 사람은 그 느낌을 알 것이다.

어떤 책은 한 사람의 인생을 송두리째 바꾸기도 하고, 삶에 대한 자세와 변화를 촉구하기도 한다.

책은 우리의 내면을 풍족하게 만들기도 하고 삶을 살아가는 데 길 잡이가 되어주기도 한다. 책과 함께한다는 것은 우리의 삶에 탁월한 코치를 곁에 두는 것과 같다. 대한 출판문화협회에 따르면 2015년에 총 4만 5,213종의 책이 발행되었다. 매년마다 엄청난 양들의 책들이 쏟아져 나오고 있다.

많은 책을 읽으려는 무리한 욕심보다는 현재 상황에 맞게 나의 페이스대로 독서의 달콤한 맛을 느껴보길 권한다.

책은 지구 안에 또 다른 세상이다. 책의 바다를 항해하며 자유롭게 거닐되 책이 주인이 아니라, 자신이 주인임을 잊지 않길 바란다.

책과 여행은 참 닮아 있다

책만큼이나 여행 역시도 참 좋아한다. 책과 여행은 우리에게 설렘과 휴식을 안겨 주는 점이 꼭 닮아 있다. 신세계로 초대하는 것 역시 마찬가지이다.

우리가 자주 가는 곳에는 편안함이 있고, 새로운 곳에는 낯섦이 있다. 그러나 그 낯섦이 우리가 사용하지 않았던 세포를 깨우게 된다. 나를 더 나답게 볼 수 있는 기회가 된다. 그리고 그 세포가 우리를 거인의 힘으로 만들기도 한다.

가끔은 자신을 새로운 곳에, 낯선 곳에 데려다주자. 거기에서 자신의 또 다른 매력을 발견하게 될 것이다.

사람은 누구에게나 매력이 있다. 자신의 내면의 거울을 자주 보는 사람은 자신의 매력이 무엇인지 잘 알고 있다. 내면의 거울을 더 자주, 더 자세하게 볼 수 있게 만들어 주는 것이 바로 책과 여행이다.

책 읽는 부모에게는 언제나 책 읽는 아이가 있다

_가장 나다움을 발견할 시간

책은 자신의 뒷모습을 바라보게 한다

대부분의 부모는 자녀가 많은 책을 읽기를 원한다. 책을 읽게 되면 아이의 사고력의 깊이와 학업 능력까지 향상됨을 알기 때문이다.

자녀가 책을 읽는 습관을 갖길 원한다면 강력한 방법이 있다. 그건 바로 부모가 책을 사랑해 주는 것이다.

부모가 책을 읽는 모습을 본 아이는 책을 읽는 습관을 자연스럽게 터득하게 된다. 부모의 거울 효과가 얼마나 강력한지 바로 느끼게 될 것이다.

우리는 책의 여행자이다. 미혼이었을 때, 가족들이 한 곳에 모여 자신에게 가장 편안한 장소와 가장 편안한 자세로, 각자의 책의 세상에 빠져 있는 모습을 상상하곤 했다. 그런데 그런 생각이 의도치 않게 자연스러운 현실이 되었다. 서로가 좋아하는 음식이 다르듯, 자신이 좋아하는 책으로 집이라는 한 공간에 있지만, 서로가 다른 세계를 여행한다.

독서가 주는 혜택 가운데 하나는 무엇일까? 그것은 바로 사고의 유연성이다.

유연성은 타인을 이해하고 공감하는 데도 중추적인 역할을 하게 된다. 나만의 사고의 틀 속에 갇혀서 내 생각만이 옳은 답이 아니라는 사실을 일깨워준다. 나와의 다른 생각이 틀림이 아니라 다름을 알게 해준다.

우리가 자라온 환경과 그에 따른 성격과 가치관, 현재 처해 있는 상황 등 우리 각자 모두가 다른 환경 속에 노출되어 있다.

한 권의 책을 보더라도 개인마다 느끼는 생각과 감정이 모두 다르다.

우리가 바라보는 세상은 자신의 사고의 틀 안에서 바라보게 된다.

책은 우리의 사고의 틀을 깨기도 하고 자신이 바라보는 세상을 더 넓게 그리고 더 깊게 만들기도 한다.

지금 읽고 있는 책을 잠시 접어서 눈앞에 가까이 대어보자. 책의 앞면은 잘 보이지만 책의 옆면이나 뒷면은 뚜렷하게 잘 보이지 않는다.

책은 우리가 보지 못하는 다른 영역을 볼 수 있게 도와주기도 한다. 독서 모임이나 책의 서평을 통해서도 느낄 수 있을 것이다. 똑같은 책 한 권이 다양한 관점에서 바라보고 되고, 서로 다른 사고의 생각을 낳게 한다는 사실을 말이다.

내가 독서를 하려는 궁극적인 목적을 생각해보자.

1. 내가 독서를 하려는 이유가 무엇일까?
2. 나는 독서를 통해서 무엇을 얻으려고 할까?
3. 독서를 통해서 나의 삶이 어떻게 변화되길 원하고 있을까?
4. 내가 좋아하는 관심분야의 책은 어떤 장르일까?
5. 나는 그동안 몇 권의 책들과 데이트를 했을까?
6. 내가 선택한 나만의 인생 책은 무엇일까?
7. 그 책이 나의 삶에 어떤 영향력을 미쳤을까?

책 앞에서는 아이에게도 어른에게도 배우는 학생이다

아이가 놀아달라고 하는데, 무엇을 하며 놀아줘야 할지 모르겠다는 부모들도 종종 있다.

그렇다면 자녀에게 책을 읽어주는 것은 어떨까?

아이들이 책을 좋아하기에 책을 읽어달라는 경우가 많다. 그런데 중요한 일을 하고 있을 때면 시간을 내어서 읽어주기가 쉽지 않았다. 그래서 생각한 것이 취침 전에 독서를 하는 것이었다. 아무리 바쁘더라도 자기 전의 독서는 약속을 지킬 확률이 높았기 때문이다.

나는 한 아이에게 3권의 책을 읽어주기로 약속했다. 아이가 두 명이다 보니 총 6권의 책을 함께 보게 된다.

아이들은 신이 나서 자신이 좋아하는 책을 책장에서 골라온다. 만약, 빠트리는 날엔 책이 밀렸다며 밀린 권수까지 모두 골라온다. 그날은 밀린 책을 함께 읽느라 힘에 부칠 때가 있다. 그럴 때는 찬스를 쓴다. 한 페이지는 엄마가 읽고 한 페이지는 자녀에게 읽게 하는 것이다. 혹은 아이가 전체를 읽기도 한다. 수면 시간이 되어서 부득이하게 다 읽지 못하는 경우는 부모가 아쉬워하는 것이 아니라 아이들이 너무나 아쉬워한다는 것이다. 아이들 역시 책이 재미있는 도구임을 아는 것이다. 책을 볼 때 읽어주고 끝나는 것이라 아이에게 질문해준다면 더욱 좋다.

만약 동화책이라면, 등장인물에 대한 감정은 어떠했을까? 대화를 나누어보는 것이다. 상대방의 관점에서 이해하고 공감하는 데 도움이 되기 때문이다. 질문에 대한 답을 통해서 아이에 대한 생각과 현재의 감정 상태를 확인하는 데에도 유용하다.

독서 전문가에 의하면 부모가 자녀들에게 책을 읽어주는 시기가 길수록 좋다고 한다. 그 시기를 길게는 중학교 1학년까지 보기도 한다. 혼자서 읽었을 때의 이해력과 부모가 생동감 있게 정확히 읽어주는 것과는 큰 차이가 있다는 것이다.

책을 아이에게 읽어주는 것이 아이를 위한 하나의 숙제가 아니라, 부모도 함께 즐기길 권한다. 아이들의 책을 통해서 아이들뿐만이 아니라 부모 역시 알지 못했던 새로운 지식과 지혜를 얻게 된다. 어른의 두꺼운 책 한 권보다, 아이들의 얇은 동화책 한 권이 더 큰 깨달음을 주는 경우도 흔하다.

책은 어른이 봐야 할 책과 아이들의 책이 별개가 아니라, 책 앞에 서만큼은 부모와 아이가 같은 학생의 입장이 되어보는 것이다.

아이와 함께 책 쇼핑을 즐겨보자

_가장 나다움을 발견할 시간

책은 부모에게나 아이에게나 선물이다

가격표를 보지 않고 유일하게 사는 상품이 있다. 그건 바로 책이다.

마음에 든 책을 발견하고 나면, 가격이 얼마나 되었든지 그냥 지불하게 된다. 아무리 비싸더라도 대부분의 도서가 2만 원을 넘지 않음을 알기 때문이다. 그리고 그 가치는 자신의 삶을 변화시킬 수 있을 만큼의 금액으로는 환산이 되지 않은 엄청난 가치가 있음을 알기 때문이다. 가격표를 보지 않고 살 수 있는 물건이 있으니 참으로 감사한 일이다.

주말에 아이들과 함께 서점 나들이를 계획해 보는 것은 어떨까?

서점에 도착하면 각자가 읽고 싶어 하는 분야로 흩어진다. 그리고 아이들과 함께 미리 사전에 약속해놓는다. 마음에 든 책을 고른 후에 엄마와 아빠를 못 찾을 경우 무조건 베스트셀러 코너에서 만나기로 말이다.

아이들은 입가에 함박웃음과 함께 자신이 좋아하는 공룡 메카드 책이 있는 코너부터 살핀다. 그리고 이내 책 한 권씩을 골라온다. 어떤 종류의 책이건 아이들의 선택에 맡긴다. 어떤 날에는 공룡 메카드 만화책이나 역사 만화책, 어떤 날에는 학습지, 혹은 종이접기 책과 색종이 등 다양하게 골라온다.

서점을 나온 날에는 항상 집에 빨리 들어가자고 한다. 이유를 물어보니, 고른 책을 빨리 보고 싶다는 것이다.

보통 나들이를 하러 가면 집에 벌써 들어가느냐며 말하는데, 유일하게 집에 빨리 들어가고 싶은 날은 책을 고른 날이다. 어느새 아이들 역시 책의 매력에 빠져 있다.

책이 있는 환경에 노출을 많이 할수록 아이들은 책과 친해지기가 쉽다.

부모가 책을 가까이 하고, 부모가 책을 즐기는 모습으로 환경을 만들어 준다면 자녀는 책의 세상에 자연스럽게 초대되어진다. 무엇보다 책의 즐거움을 부모가 먼저 느껴보는 것이다.

지금은 어린 자녀이지만 자녀가 어느 정도 성장하고 나면, 부모와 함께 독서토론을 계획해보는 것도 추천한다. 책이라는 매개체를 통해서 부모의 생각과 자녀들의 생각을 서로가 엿볼 수가 있게 된다.

무엇보다도 가족구성원의 공통된 분모가 있기에 서로를 이해하고 함께하는 데 있어서 윤활유와 같은 역할을 하게 된다. 자신의 생각을 자유롭게 표현하고, 상대방의 말에 대해서 경청하는 법도 배우게 된다. 자신의 생각만이 전부가 아니라 타인의 생각을 이해하고 공감하게 된다. 가정에서부터 자연스럽게 토론에 대한 기초체력을 심어준다면 아이는 세상 밖에서도 자신의 생각을 자유롭게 표현할 수 있는 자신감 있는 아이로 성장하게 될 것이다.

부부가 함께 독서를 하면 가정은 책 세상이 된다

택배로 오는 물건 중에서 가장 빨리 왔으면 하고, 설레는 마음으로 기다리는 것 중의 하나가 바로 책이다. 책을 좋아하는 분들은 책의 이끌림을 자연스럽게 느낄 것이다.

가끔은 남편이 아내와 아이들에게 책을 선물해 주기도 한다. 아이들은 자신들이 가장 편안한 공간에서 책을 본다. 특히 화초들 앞에 놓인 그물침대를 가장 좋아한다. 나 역시 책 선물은 최고의 선물이다. 읽고 싶었던 책을 선물받기도 하고, 덕분에 다른 분야의 책을 접해보기도 한다.

부부가 함께 책을 좋아하면 좋은 점이 많다. 서로의 관심 분야가 같다면 한 권의 책으로도 큰 효율을 낼 수가 있다. 만약 서로의 관심

분야가 다른 책이라면 독서를 편식하는 것을 막아주기도 한다.

부부가 같은 책을 읽었다면, 책 내용을 기반으로 서로의 대화가 더욱더 풍부해지게 된다. 책을 보는 것을 서로가 즐기게 되면 책 읽는 동안에는 서로를 방해하지 않는다. 책의 바다를 항해하는 배우자에게 온전한 기쁨을 주기 위해서이다. 집안일이나 다른 부탁이 있더라도 조금 후에 할 수 있는 여유를 갖게 된다.

책을 보는 기쁨을 서로가 알기에 책에 집중할 수 있도록 서로의 자연스러운 배려가 함께 하게 된다.

부부가 함께 책을 읽으면 아이들은 자연스럽게 독서의 세상에 초대된다. 책은 곧 우리의 삶이다.

부부가 함께 자녀를 책 세상에 초대해 보자.

도서관은 꿈꾸기에 가장 좋은 장소

_가장 나다움을 발견할 시간

책들의 성전, 도서관

도서관을 무엇이라고 표현해야 할까?

나이아가라 폭포수 앞에서 느꼈던 거대한 자연의 힘 앞에서 작고 여린 한 인간의 모습을 발견했었던 기억이 난다. 도서관에 빼곡하게 꽂혀 있는 책 역시 우리에게 비슷한 느낌을 전해준다. 수 세기를 거쳐서 수많은 작가의 영혼들이 담겨 있으니 성스러운 신전의 느낌을 받기도 한다. 그리고 무엇보다 고요하고 평화로워서 기분을 참 좋게 만드는 장소이다.

기분을 좋게 만드니 자연스럽게 친해지게 되었다. 결혼 후 회사를 그만두고, 남편은 회사로 나는 집 근처 도서관으로 출근을 했었다.

도서관에서 책을 보다가 남편의 퇴근 시간에 맞추어서 집에 함께 도착했다. 그리고 자녀가 태어나고, 아이가 걸어 다닐 때쯤 되자 아이와 함께 도서관을 자주 들렀다.

어느덧 초등학생이 되었고, 수업이 끝나고 나면 우리는 도서관에서 만나기도 한다. 아이들을 잠시 맡기기 어려울 때 도서관의 어린이 자료실은 좋은 활용 장소가 된다.

도서관에서는 독서를 비롯한 다양한 프로그램들과 정보들을 제공한다. 인문학과 글쓰기 수업, 독서 모임을 비롯한 지역별로 다양한 문화강좌들을 접할 수가 있다. 아이들을 위한 프로그램 역시 다양하게 마련되어 있으니 집 주변의 도서관을 적극적으로 활용해 볼 것을 추천한다.

도서관 서비스 중에는 '책이음' 서비스가 있다. 책이음 회원에 가입하게 되면 해당 지역의 도서관뿐만 아니라 전국 책이음 참여도서관에서도 도서를 대출받을 수가 있다. 혹시나 임산부나 자녀가 영유아기라면 '내 생애 첫 도서관' 서비스도 추천해 본다. 도서관 방문이 어려울 것을 고려해서 도서관에 있는 도서를 집에서 대출해 볼 수 있는 서비스다.

도서의 대출은 지정된 택배사가 무료로 집까지 배달해 주게 된다. 반납은 해당 택배사의 '택배반송' 서비스를 이용하면 된다. 택배요금 역시 무료이다.

가족회원으로 가입을 하게 되면 1회당 대출가능도서가 10권까지

가능하며, 대출기간은 보통 2주를 준다.

도서관의 책들은 언제나 기쁜 마음으로 우리를 기다리고 있다.

도서관이라는 공간이 부모와 아이들에게 친숙한 공간이 된다면 부모와 자녀 사이 역시 소통의 창구가 되어줄 것이다.

도서관 열람실은 꿈들이 꿈틀대는 곳

도서관 열람실은 내면의 꿈들이 꿈틀대는 곳이다. 각자의 꿈을 향해 노를 저어가는 곳이기도 하다. 그들의 열정들이 모여서 배움의 도가니를 형성한다. 도가니 속에 있는 우리는 자신도 모르게 그 배에 합류해서 몰입을 경험하게 된다.

학교를 졸업한 엄마가 도서관 열람실에 가게 되는 이유는 무엇일까?

그것은 바로 엄마의 꿈을 만나고, 엄마의 꿈을 이루기 위해서일 것이다. 도서관이 엄마의 꿈을 이끌게 되고 공부라는 즐거움에 빠지게 한다. 그렇게 하는 공부는 누가 시켜서 하는 공부가 아니라 자발적인 공부이다.

학교 다녔을 때의 힘들었던 공부가 엄마가 되어서 스스로 공부하는 원동력은 과연 어디에서 비롯될까? 그것은 바로 자신이 흥미로워하는 분야이기 때문이다.

자신이 무언가에 몰입해서 시간 가는 줄을 모른다면, 분명 그 일을 좋아하는 것이다. 몰입하게 만드는 그 일은 결국 자신의 꿈과 연결이 되어 있을 것이다. 꿈을 꿈으로만 남겨둔다면 훗날 '후회'라는 두 글자가 우리를 기다리고 있을지도 모른다. 꿈의 시작점을 도서관 열람실에서 시작해보는 것은 어떨까?

도서관 열람실에서 공부를 하다 보면, 시간이 훌쩍 지나가게 된다. 어느덧 도서관 문 닫을 시간이 다 된 것이다. 10분 전 종료를 알리는 안내방송이 나오면 얼마나 아쉬운지 '조금만 더.'라는 생각을 하다가 결국 관리 아저씨가 오시면 그제야 서둘러서 짐을 정리했다. 미혼 때나 지금이나 나가려고 주변을 둘러보면 아무도 없다. 항상 맨 마지막까지 남게 된다.

그 이유가 무엇일까 곰곰이 생각해 보면 도서관 열람실은 꿈꾸는 사람들의 장소라는 것이다. 그러다 보니 그 에너지를 자연스럽게 몸으로 흡수하게 된다. 그 열정의 에너지를 느낄 수가 있으니, 무언가를 공부하기에는 최고의 장소이다.

엄마의 꿈을 이루기 원한다면 도서관을 자신의 아지트로 삼아 보면 어떨까?

책과 도서관은 엄마의 꿈의 안내자가 되어줄 것이다.

출산의 아름다운 고통을 경험하고 엄마가 된 우리, 그 힘듦의 고통까지도 감수 했거늘 우리에게 무엇이 두려울까?

우리에게는 두려움을 이겨낼 엄마라는 용기가 있다. 자신의 꿈을 믿고 작은 출발점을 꿈에 도가니인 도서관으로 한 걸음 향해보는 것은 어떨까? 아무리 생각해봐도 꿈꾸기에 가장 좋은 장소는 바로 도서관이다.

독서가 input이면 output은 글쓰기

많은 책을 읽게 되면 수많은 정보와 간접경험, 지혜와 깨달음 등을 입력(input)받게 된다. 입력받은 정보들은 우리의 삶에 적용하게 되고, 자신의 경험이 더해져서 자신의 사고와 입력받은 정보에서 융합이 일어난다. 그 융합된 사고가 머릿속에 쌓이게 되면 자연스럽게 출력(output)되어야 함을 느끼게 된다. 그것이 곧 글쓰기로 이어진다.

글쓰기의 가장 큰 매력은 머릿속의 정리되지 않은 생각들을 밖으로 쏟아냄으로써 자기 생각들을 정리하게 해준다. 정리된 생각은 우리의 삶 자체를 정돈시켜준다.

집안의 물건들이 뒤죽박죽 정리가 되어 있지 않으면 우리는 산만

함과 피곤함을 느끼게 된다. 그것을 매일같이 느껴야 한다면 삶은 힘들어질 수밖에 없다.

자기 생각들을 매일 매일 조금씩 꺼내다 보면 자신의 삶이 정돈된 느낌을 받을 수가 있다.

만약 자신의 삶에 작은 변화를 꿈꾼다면 독서를 시작으로 해서 글쓰기를 추천해본다.

대청소를 하고 난 후의 기분은 우리 모두 잘 알고 있다.

청소하는 과정은 몸이 고될지라도 깨끗해진 환경을 보고 나면 마음이 개운하고 산뜻해진다. 우리의 삶 역시 이와 마찬가지이다.

종이에 활자를 적어도 좋고, 컴퓨터를 활용해도 좋고, 스마트폰이나 SNS를 활용해도 좋다.

자기 생각을 글로 꺼내다 보면 머리는 가벼워지고, 자신의 삶 역시 가벼움을 느끼게 된다. 그 글들이 모이게 되면 한 권의 책으로도 탄생이 되곤 한다.

글쓰기를 생활화하다 보면, 우리가 만나는 세상이 모두 관찰대상이 된다. 무심코 지날 수 있었던 것도 한 걸음 떨어져서 생각하게 만든다. 그러고 나면 운전을 할 때도 친구와 대화중에도 순간순간 스치는 문장들이 불쑥불쑥 튀어나올 때가 있다. 그럴 때는 녹음을 하거나 메모를 한다. 특히 특정주제에 대해서 써야 할 내용이 있다면 우리의 뇌의 주파수가 그 주제를 향한다.

샤워를 하거나 잠자기 전에도 문장들이 떠오르기도 한다. 그런데 그 문장들을 메모해놓지 않으면 금세 날아가 버린다. 꼭 기억했다가 다음 날 일어나서 써야지 하고 잠이 들면, 다음 날은 빈 백지 상태이다. 아무리 생각하려 해도 그 문장을 기억해내지 못한다. 그럴 때에는 집안 곳곳에 펜과 메모지를 두거나 스마트폰의 메모기능을 이용해도 좋다.

메모된 기억들을 하나로 통합해서 관리하기 좋은 툴 중에 '에버노트'(Evernote)라는 무료 프로그램이 있다. 순간순간 떠오르는 아이디어나 영감, 음성과 사진으로도 저장이 가능하다. 필요한 자료를 링크로 걸 수도 있으며 자료를 수집하고 관리하는 데에도 편리하다. PC와 스마트폰 앱으로도 호환이 가능하기에 자신의 환경에 맞게 이용하면 된다.

혼자 있는 시간을 즐길 줄 알아야 한다

사람은 누구에게나 혼자만의 시간이 필요하다. 혼자의 시간이 외로움의 시간이 아니라 누구에게도 방해받지 않은 오로지 자신과의 데이트 시간이다.

데이트하면 어떤 생각이 떠오르는가? 맞다. 설레는 시간이다.

나를 만나는 시간은 기대되고 설레는 시간이다. 그런데 우리는 하루 24시간 중에서 자신에게 얼마만큼의 시간을 내어주고 있을까?

친구와의 약속, 동료와의 약속, 업무 약속, 각종 행사 약속 등 타인과의 약속은 가능하면 모두 지키려 노력한다. 그러나 정작 자신과의 약속은 어떨까? 하루 중에서 나 자신은 우리를 만나기 위해 간절히 기다리고 있다. 가장 소중한 나를 위한 시간은 항상 후순위로 밀리다 보니 나를 못 만나는 일이 비일비재하다.

이런 상태가 지속되다 보면 삶에 재미가 없어진다.

타인과 만남은 기본적으로 하되, 나 자신을 위한 시간은 하루 30분도 좋고, 1시간도 좋다. 자신의 환경에 맞게 자신과의 데이트 시간을 비워두어야 한다. 내가 나를 만남으로써 그 시간에 에너지를 충전하고, 나를 돌아보고, 삶에 대한 방향도 모색해 보는 것이다. 자신의 삶에 활기가 넘치는 사람들은 자신과의 대화를 즐길 줄 아는 사람들이다.

엄마가 되고 나면, 엄마가 되기 이전보다 우리는 더 많은 에너지가 필요하다. 그 에너지를 긍정의 에너지로 바꾸고 충전하기 위해서는 엄마 혼자만의 시간을 즐길 줄 알아야 한다. 오로지 자신과의 데이트를 해보는 것이다.

자녀가 너무 어린 영유아기 역시 엄마의 시간은 절대적으로 필요하다. 배우자를 통해서건 친지를 통해서건 도움을 청해야 한다.

엄마가 건강해야 함을 절대로 잊으면 안 된다. 엄마가 건강해야 가족 모두를 지켜낼 수 있는 힘이 있다. 나다움을 발견하는 시간 역시도 자신과의 데이트에서 찾을 수 있음을 기억하길 바란다. 자신과의 데이트 시간을 규칙적인 시간대로 만들면 습관화 만들기에 좋다.

자신과의 데이트를 통해서 내면이 더욱더 풍성해지는 행복한 마음부자가 된 자신을 발견하길 바란다.

자신을 한 줄로 표현해보자

우리는 모두가 특별한 사람이다. 타인과의 비교를 통해서 특별함이 아니라 이 지구라는 세상에 온 것 자체가 특별한 존재이다. 그리고 엄마가 되었으니, 그 특별함은 더해간다.

자신을 한 줄로 표현해보자. 우리는 자신을 어떤 사람으로 표현해볼 수가 있을까?

그 표현의 자유는 우리에게 있다.

지금부터 자신을 최대한 긍정적으로, 최대한 특별한 존재로 표현해보자. 자신을 표현하는 그 한 줄이 우리를 그곳으로 데려갈 것이다. 그리고 닮아가게 할 것이다.

그 한 줄의 표현을 가장 나다움을 발견해서 대입시켜보자. 그 나다움이 엄마를 더욱더 성장시키고, 나다움으로 발전시켜주게 된다.

그렇다면 나다움을 발견하기 위한 질문에는 무엇이 있을까?

1. *나는 무엇을 하고 있을 때 가장 나다움을 느끼고 있을까?*
2. *나는 나를 어떤 사람으로 규정하고 있을까?*
3. *내가 살아 있음을 느낄 때는 언제일까?*
4. *나는 나를 스스로가 인정해주고 있을까?*
5. *나는 나의 정체성을 한 줄로 표현해 볼 수가 있을까?*
6. *나는 나를 어떻게 한 줄로 표현하고 있을까?*
7. *나에게는 어떤 특별함이 있을까?*
8. *오늘의 나보다 내일의 나에게 어떤 기대를 해볼 수가 있을까?*
9. *나의 5년 후의 모습은 어떤 그림일까?*
10. *나의 노년의 삶은 어떤 그림으로 향하고 있을까?*

우리의 삶은 우리가 생각하는 대로 흘러가게 된다. 그 생각을 무엇으로 채워갈지는 오로지 우리의 몫이다.

가장 나다움을 발견하는 순간, 우리의 삶은 더 특별해지게 된다. 그 특별함은 이미 내 안에 갖추고 있다. 그 시작이 바로 오늘이다.

엄마를 춤추게 하는 것은 열정

엄마의 마음에 춤을 추게 하는 것은 바로 열정이다. 우리의 열정이 곧 우리의 몸과 마음을 춤추게 한다. 우리 안의 모닥불을 마음속에 피웠을 때 우리는 모닥불의 따스함 속에서 축제를 열 수가 있다. 그리고 거기에 나다움을 더했을 때 그 열정은 자라나기 시작한다.

열정의 힘은 매우 강하고 부드럽다. 강하고 부드러운 열정을 다스릴 수가 있을 때, 우리는 앞으로 나아갈 수가 있다.

우리가 주목해야 할 것은 바로 엄마를 춤추게 하는 그 무엇이다. 그 무엇을 찾고, 그곳에 열정을 뿌리내리자.

엄마라는 거인의 힘과 열정이 더해졌을 때 우리의 삶은 축제가 된다. 그 축제 속에 사랑하는 사람들을 초대해보자. 그리고 함께 배우고 성장해나가자.

벽에 담쟁이가 오랫동안 꼭 붙어 있을 수 있는 이유는 서로가 손을 꼭 잡고 있기 때문이다. 그것도 깍지 낀 손으로 말이다.

우리들의 가장 가까운 손은 바로 우리들의 가족이다. 엄마의 부드러운 손으로 가족의 손을 부드럽게 잡아주자. 그리고 담쟁이가 나아가는 열정을 따라가보자. 엄마를 춤추게 하는 그 열정 속으로 가족들을 초대해보자.

나다움을 발견했다면 이제는 실천할 시간

나다움을 발견했다면 이제는 계획을 세우고 실천할 시간이다. 실천하지 않으면 나의 것이 될 수가 없다. 나를 사랑하는 것도, 나다움을 발견하는 것도 모두 실천의 결과물이다.

실천하기 위해 가장 먼저 필요한 것은 바로 계획이다. 계획은 나를 안내하는 지도와도 같다. 우리가 전혀 가보지 않은 길을 운전하고 있다고 상상해보자.

가장 먼저 우리는 내비게이션에 목적지부터 입력하게 된다. 그리고 안내 멘트와 지도를 따라서 목적지를 향한다. 물론 가다가 길을 잘못 들기도 한다. 유턴할 곳이 없어서 한참을 가다가 유턴을 해오기도 한다. 그러나 걱정할 것은 없다. 그곳에서 느낀 실수를 통해 배워 가면 그만이다. 그 배움을 통해서 나아갈 때 우리는 더 단단함을 갖게 된다. 그리고 결국 목적지에 도착하게 된다. 그렇다면 실천의 힘은 어디서 나오게 될까?

그것은 바로 간절함이다. 내가 나답게 살기 위한 간절함이다. 그 간절함의 깊이가 커질 때 우리를 행동으로 이끌고, 실천으로 이끌게 된다. 우리는 자신을 대할 때 의지와의 강한 싸움으로 자신을 몰아가서는 곤란하다.

해님과 바람의 이야기를 되새겨보자.

지나가는 나그네의 옷을 벗긴 건 바람의 강한 의지와 싸움이 아니라 태양의 온화함과 따스함이 나그네의 옷을 스스로 벗게 한 사실을 말이다.

자신을 위한 강한 의지와 자신을 향한 싸움이 아니라, 자신에게 따스함과 부드러움을 선물해보자.

자신을 부드럽게 대할 때, 우리의 마음이 움직이고, 우리의 몸은 실천으로 옮기게 된다. 강함보다는 부드러움이 행복한 승리자임을 잊지 말자. 우리 안에 부드러움은 이미 내재되어 있다. 그것을 꺼내기만 하면 된다.

엄마라는 세상 안에 나다움이 존중되어질 때 우리의 가족들 역시도 나다움이 존중되어진다.

우리는 모두가 나다워질 때 비로소 행복을 느끼게 된다. 그 나다움의 출발은 바로 엄마가 시작이다.

엄마,
꿈 찾기 공부

_꿈을 발견하고 행동할 시간

꿈을 찾는다는 것은
내 마음에 행복주머니를 찾기 위함이다.

꿈이 있는 엄마는 왜 자존감이 높을까

_꿈을 발견하고 행동할 시간

꿈은 우리의 자존감을 키워준다

우리가 살아가는 궁극적인 이유는 무엇일까? 바로 행복하기 위함이다. 그렇다면 행복하기 위해서 가장 필요한 재료가 무엇이 될까?

바로 자존감이다. 자존감은 자신을 존중하는 마음, 그리고 자신의 삶에 어떤 어려움이 오더라도 결국 해내고야 말겠다는 자신의 의지에 대한 확신이기도 하다. 그렇다면 자존감을 어떻게 높일 수 있을까? 그것은 바로 자신이 원하는 간절한 꿈을 만나는 것이다.

꿈을 만나게 되면 우리는 내적으로나 외적으로나 자연스럽게 성장을 하게 된다. 꿈을 만난다는 것은 결국 나를 만나는 일이기도 하다. 내가 나다울 수 있을 때 우리의 자존감은 상승하게 된다.

내가 나다울 수 있다는 것은 무엇을 의미할까? 나 스스로가 추구하는 삶을 살아가는 것이다.

우리 모두에게는 자신이 그리는 세상이 존재한다. 그리고 그 세상 속에서 살아가길 원한다. 그런데 그렇게 살아가는 것이 불가능한 일일까? 물론 가능하다

우리에게는 유일하게 공평한 것이 2가지가 있다.

첫째로는 우리가 잘 알고 있는 하루의 24시이다. 그리고 두 번째로는 누구나 꿈을 꿀 수 있는 자유이다.

꿈을 꾸는 데 돈을 지불해야 하는 것은 아니다. 우리가 마음만 먹으면 언제든 어느 장소이든 꿈을 꿀 수가 있다. 꿈을 꿀 수 있는 자유가 있다는 것은 우리에게 큰 축복과도 같다.

꿈이란 우리가 정복해야 할 대상이 아니다. 우리의 평생 친구이자 동반자이다. 꿈과 함께 생각하고, 꿈과 함께 걸어가고, 꿈과 함께 즐기면 되는 것이다.

꿈을 이루기 위한 여정이 곧 행복의 터널인 셈이다. 행복은 꿈을 이루고 난 후에 주어지는 보상이 아니라, 꿈을 갖는 순간 이미 시작된 것이다. 그 과정 속에서 달콤한 열매를 맛보는 것이다.

커다란 나무 한 그루에 사과 열매가 주렁주렁 탐스럽게 열려 있다. 그 사과나무는 어떻게 그렇게 자랄 수 있었을까? 가장 처음 해야 할 일은 바로 씨앗이 자랄 수 있는 토양과 햇볕이 잘 들 수 있는 환경부터 마련을 하는 것이다. 그러고 나서 작은 씨앗을 심는 것이다.

시간이 지나면 어느 순간, 그 싹은 땅 위로 얼굴을 쏘옥 내밀게 된다. 땅 위로 올라온 새싹은 물과 햇볕이라는 양분을 얻어서 무럭무럭 성장하게 된다. 뿌리와 줄기가 점점 두꺼워지면서 나무의 형태를 띠게 된다.

그리고 가지와 잎들이 무성해지며 꽃도 피우고 열매도 맺게 된다.

사과나무가 자라는 것과 우리의 꿈이 자라는 것 역시 이와 비슷하다.

열매가 자라기까지의 준비과정을 포함해서 어느 것 하나 중요하지 않은 것이 없다. 땅속에서 바깥으로 작고 여린 싹을 틔우기까지 얼마나 수많은 노력들이 필요했을까?

우리의 꿈 역시 마찬가지이다. 어두운 땅속에서 밝은 세상 밖으로 나오기까지의 그 순간이 바로 가장 많은 노력과 기다림의 시간이 필요하게 된다. 그런데 우리의 모습은 어떨까? 자신의 꿈의 씨앗을 비옥한 토양에 심었다면 기다려야 한다. 새싹으로부터 배우듯 가장 중요한 이 시기에 기다림에 지쳐서 포기와 좌절을 해서는 곤란하다.

꿈의 새싹이 나오거든 그 기쁨을 사랑하는 사람들과 함께 나누면 된다. 그리고 열매를 맺기까지의 과정을 즐거움과 기쁨으로 채우면 된다. 결국 열매는 열리기 때문이다.

태풍에 열매가 떨어지기도 하고, 벌레가 먹기도 한다. 그러나 튼튼한 뿌리가 살아 있는 한 그 나무는 계속해서 성장하게 된다. 온실 속의 화초보다 야생화의 생명력이 더 강하듯, 사람 역시 세상 밖으로 나올 때 더욱더 견고해지고 강함 속에 부드러움을 갖게 될 것이다.

열매를 맛본 사람은 또 다른 사과나무를 심거나 다른 과일나무를 심는다. 여기서 중요한 사실은 사과나무에 배가 열리지는 않는다는 것이다. 사과라는 씨앗을 심으면 사과가 열릴 것이고, 배의 씨앗을 심었다면 배가 열리게 된다. 그렇다면 나는 어떤 씨앗을 심을 것인가?

오직 스스로가 생각하고 결정해야 한다. 타인으로부터 힌트는 얻을 수가 있되 결국 선택은 자신의 몫이다. 나무를 키워야 할 사람은 바로 자신이기 때문이다.

개인마다 시기의 차이만 있을 뿐 결국 우리는 열매를 맺게 됨을 잊지 말아야 한다.

사과나무는 우리의 꿈나무인 동시에 우리의 자존감 나무이기도 하다. 사과나무를 정성스럽게 키우듯 우리의 자존감 나무 역시 정성스럽게 보살펴주자. 꿈나무와 자존감 나무는 결국 한 뿌리에서 자라고 있기 때문이다.

꿈이 있는 엄마가 자존감이 높은 이유

꿈이 있는 엄마가 자존감이 높은 이유는 자신의 심장에 꿈이라는 행복 주머니를 심어버렸기 때문이다.

꿈이 있는 엄마는 눈에서도 반짝반짝 빛이 난다. 그 이유는 무엇일까? 꿈이라는 강력한 비장의 카드를 몸에 지니고 있기 때문이다. 꿈이 있기에 행복함을 느끼고, 넘어지더라도 꿈이 있기에 곧 일어나게 된다. 그 꿈은 자신이 나아가야 할 방향의 등대와도 같다. 등대가 있는 한 배는 어둠 속에서도 결국 자신의 자리를 찾게 된다.

꿈이 있는 엄마들의 가장 큰 특징은 자신을 사랑할 줄 아는 사람들이다.

자신을 사랑한다는 것은 자신의 삶을 타인에게 맡기지 않는다는 것과도 같다.

삶의 중심에는 항상 자신이 한가운데에 서 있다. 그렇기에 삶에 대한 책임 역시도 모두 자신이 짊어지게 된다. 현재 자신의 모습이 만족스럽지 않더라도 타인을 전혀 탓하지 않는다. 지금의 모습은 과거로부터 현재까지의 자신의 생각들과 선택들의 산물임을 받아들이기 때문이다.

지금의 모습이 만족스럽지 않더라도 타인을 바꾸어야 할 것이 아니라, 내가 바꿔야 할 1cm가 무엇인지를 고민하는 사람들이다. 그 고민은 결국 자신의 꿈과 맞닿아 있게 된다. 고민이 거듭될수록 자신의 꿈은 점점 더 선명한 형태의 그림을 그리게 된다. 선명함이 더해 갈수록 그 꿈에 대한 간절함 역시도 커지게 된다. 그 간절함은 우리를 행동으로 옮기게 한다.

그렇다면 우리를 행동으로 옮기게 만드는 그 힘은 바로 무엇일까?

바로 자신을 향한 믿음이다. 자신을 향한 믿음은 어디에서 나오게 될까? 이 또한 역시 자존감과 연결되어진다.

나를 사랑하지 않고서는 자신을 믿기가 어렵다. 그러나 나를 사랑할 줄 아는 사람은 자기 생각을 믿고 그대로 행동으로 실천하게 된다. 그 실천을 통해서 자신을 더 아끼고 보살피게 된다. 결국 꿈을 이루어 나가는 과정을 자신을 사랑하고 성장해 나가는 과정으로 채우게 된다. 꿈을 이루어 가는 과정이 자신과의 싸움이 아니라, 자신을 아끼고 보살펴 나가는 일련의 과정인 셈이다. 그 사랑의 선순환이 결국 우리의 삶의 목적인 행복으로 이끌게 된다.

꿈이 있는 엄마는 아름답다

_꿈을 발견하고 행동할 시간

지금은 엄마의 꿈을 찾아야 할 때

운전하고 있는데, 어느 날 딸아이가 묻는다.

"엄마는 꿈이 뭐야?"

"응, 엄마는 다른 사람들이 꿈을 꿀 수 있게 도와주고, 그 꿈으로 조금 더 행복할 수 있게 도와주는 것, 그게 엄마의 꿈이야."

"그렇구나, 내 꿈은 과학자인데……."

"왜 과학자가 되고 싶어?"

"응, 나는 무언가 만드는 게 좋아, 실험도 하고 연구하는 게 좋아."

"그렇구나, 꼭 과학자가 될 거야, 우리 딸. 언제나 응원할게"

서로의 꿈을 이야기할 수 있는 나이가 되었으니, 참으로 감회가 새롭다. 모유를 먹고, 뒤집기를 하고, 기어 다니고, 처음 발걸음을 뗀 것이 엊그제 같은데 벌써 자신의 꿈을 주제로 이야기를 할 수가 있다니, 세월이 참으로 빠름을 실감한다.

아이에서 어린이가 되기까지 보통 10년이 걸린다. 10살이 되면, 부모의 큰 도움 없이도 스스로가 판단하고 자립심이 생겨난다. 10년을 키워놓고 나면, 마치 다 키운 것 같은 느낌마저 든다. 엄마에게는 10년이란 세월이 훅 지나간다. 보통은 30대에 아이를 출산하니, 30대의 전체가 아이를 돌보는 데 흘러가는 셈이다.

재취업을 희망하는 경력이 단절된 여성들의 공백 기간을 살펴보면 보통 8년~10년인 경우가 대부분이다. 여러 가지 이유가 있겠지만 어느 정도 아이가 성장했으니, 이제는 자신의 직업을 갖고 아이의 엄마로서만이 아니라 자신의 자아실현의 꿈이 클 것이다.

미혼이었을 때의 자신과 엄마가 되고 나서의 자신을 한번 생각해보자.

아가씨 때의 나와 엄마가 된 나는 동일 인물이다. 그런데 가장 크게 바뀐 것이 하나가 있다. 바로 내면이 조금 더 성숙해졌다는 것이다. 그리고 엄마가 되면서 보살펴야 할 자녀가 있기에 더 강인해졌음을 스스로가 느끼고 있을 것이다. 그 강인함을 엄마의 꿈에 적용시켜보는 것은 어떨까?

육아에 고군분투한 사이 자신의 정체성과 꿈에 대해서 잊고 있었다면 이제는 '나'란 사람에 대해서 탐색해 볼 수 있는 시간을 가져보는 것이다.

내가 무엇을 좋아하고, 무엇을 싫어하고, 무엇을 할 때 가장 기쁜지, 무엇을 할 때 나의 심장이 요동을 치는지, 무엇을 할 때 에너지가 솟구치는지, 무엇을 할 때 설레는지, 자신에 대해서 탐색해보는 것이다.

만약 탐색하는 데 어려움을 느낀다면, 성격유형검사의 도구를 활용해도 좋다. 성격유형검사에는 MBTI(Myers Briggs Type Indicator), 에니어그램, DISC 등 다양하게 존재한다. 자신의 성격과 기질을 이해하고 타인을 이해하는 데에도 도움이 되게 된다.

머릿속으로만 생각하는 것이 아니라, 일기를 통해서 글로 써나가거나, 실제로 경험을 해보는 것이 가장 좋다. 음식처럼 직접 먹어봐야 자신의 입맛에 맞는지, 아닌지를 알 수가 있기 때문이다.

모든 것은 작은 행동을 통해서 일어나게 된다. 생각은 그저 생각일 뿐이다. 생각이 사고의 집이라면 행동은 집 밖을 나오는 것이다. 내 생각을 1g이라도 행동으로 옮기는 순간 나의 삶에 작은 변화가 시작된다. 그 변화의 중심에는 항상 자신이 서 있게 된다. 엄마의 꿈을 찾기에 가장 좋은 시기는 바로 지금이다.

꿈이 아름다운 건 희망이 있기 때문이다

꿈은 미래를 향하고 있다. 미래는 우리에게 가능성이라는 희망을 선물해 준다. 우리에게 조금의 가능성이라도 있다면 도전해보자. 도전하지 않고서는 알기가 어렵다.

아름다운 단풍나무들이 가을이 되자 분주하게 움직이더니 화장을 하고 곱게 차려입고 나타났다. 멀리서 바라본 단풍나무의 산은 마치 한 폭의 아름다운 그림과도 같다. 그 나무의 아름다움이 너무 예뻐서 직접 산에 올라가 눈으로 가까이 바라본다. 어떠할까? 모든 단풍나무의 잎이 곱게 물들어 있지만은 않다. 어떤 잎은 찢어져 있기도 하고, 어떤 잎은 시들어져 있기도 하다. 그리고 단풍이 곱지 않은 색깔로 되어 있기도 한다. 그런데 여기서 중요한 사실은 자신의 색깔로 모두 붉게 물들였다는 점이다.

우리는 무언가를 위해 자신만의 모든 열정을 쏟아내 본 적이 있을까?

우리는 무언가를 위해 자신만의 빛깔로 물들여 본 적이 있을까?

우리는 자신의 꿈을 위해 얼마만큼의 땀을 흘려봤을까?

꿈이 있는 사람은 자신의 삶을 긍정적으로 바라보게 된다. 현재의 모습이 아무리 힘들고 어려울지라도 거기에서 희망을 볼 수 있는 사람들이다. 그 희망을 볼 수 있는 이유가 바로 긍정의 힘에서 비롯되게 된다.

밝음이 있으면, 어두움이 있기 마련이다. 어두움이 있었기에 달처럼 환하게 빛을 낼 수가 있는 것이다. 꿈길에서 넘어지거든 훌훌 털고 일어서야 한다. 그리고 그 안에서 긍정을 바라보아야 한다.

우리의 땀과 열정의 씨앗들이 결국 우리를 일으켜 세워줄 것이다. 우리의 밝은 꿈이 결국에는 우리의 삶을 긍정으로 이끌게 될 것이다.

꿈을 이루기 위해 가장 필요한 준비물은 바로 '신념'

_꿈을 발견하고 행동할 시간

내 삶을 스스로가 리드할 수 있어야 한다

꿈을 이룬다는 것은 결국 나를 믿는다는 것이다.

그렇다면 나에 대한 믿음은 대체 어디서 오는 걸까? 앞서 이야기했지만 결국 자존감에서 비롯된다.

자신이 너무나 사랑하는 사람이 있다고 가정해보자. 그 사람이 하는 말을 믿을 수가 있을까? 아마도 신뢰하기에 믿게 될 것이다.

이제, 그 사랑을 자신에게 옮겨가 보자. 만약 사랑하는 사람이 자신이라면? 자신을 믿을 수가 있을까? 내가 나를 믿어주면 내가 나를 이끌 수가 있다. 그러나 내가 나를 믿지 못하면 나 역시 자신을 리드하지 못한다. 내가 나의 삶을 스스로 리드할 수가 있을 때 나는 나의 삶의 진정한 주인이 된다.

자기 삶의 주인은 바로 '나'이다. 자신을 이끌어야 하는 주체 역시 바로 '나'인 것이다.

나의 삶은 어느 누가 대신 살아줄 수 있는 것이 아니다. 내가 주인이 되어 나의 삶을 주체적으로 이끌어 갈 때 우리는 그 안에서 성취감과 행복감을 느끼게 된다.

우리에게는 각자의 고유한 달란트, 즉 재능이 존재한다. 그 재능을 스스로가 발견하기도 하고, 타인의 눈을 통해서 발견되기도 한다. 또한 타인의 결정적인 긍정의 말 한마디가 그 사람의 인생의 방향을 바꾸기도 한다. 자신의 달란트가 무엇인지 쉽게 아는 사람들은 자신과 대화를 많이 나누어본 사람들이다. 지금의 배우자와 연애했을 때를 생각해보자. 상대방을 알아가기 위해 수많은 대화가 오갔을 것이다. 우리는 대화를 통해서 자신을 더 깊이 이해하게 된다.

인간은 누구나 저마다의 고유한 색깔이 있다.

나는 어떤 빛깔을 내는 사람일까? 그 아름다운 빛은 자신이 가장 잘 알고 있다. 엄마가 되고 나서 자신의 정체성이 흔들린다면 엄마가 되기 이전에 자신의 모습을 떠올려보기 바란다. 나는 어떤 사람이었는지 말이다.

나의 고유한 색깔이 엄마가 되었다고 해서 변하지는 않는다. 오히려 선명해지거나 조금은 희미해질 뿐이다. 자신의 색깔을 찾아나가는 데 많은 시간이 걸릴 수도 있다. 그러나 나의 색깔을 찾게 되면 그 다음은 속도감이 붙기 마련이다.

엄마의 샘은 오로지 엄마만이 파낼 수가 있다. 자신의 흔들리지 않는 신념을 바탕으로 엄마의 샘을 가장 나답고 가장 아름답게 가꾸어 나가길 바란다. 엄마가 된 우리는 충분히 해낼 수가 있다.

엄마를 가장 몰입하게 만드는 것이 무엇일까

우리가 자녀를 출산했을 때를 떠올려 보자. 출산하는 과정에서 자녀를 낳는 것 외에 다른 생각할 틈이 있었을까? 오로지 엄마의 머릿속에서는 단 하나의 생각만 존재했을 것이다. 아이를 세상 밖으로 나오게 해야 한다. 그 하나에 목숨을 건 사투를 벌였을 것이다. 그러고 나서야 아이는 세상 밖으로 나오게 된다. 그 과정에서 다른 생각이 들어올 틈이 없었음을 우리는 잘 알고 있다.

몰입도 이와 마찬가지이다. 다른 생각이 끼어들지 않는 것이다. 오로지 그 하나에만 전념을 하게 되는 것이다.

우리는 싫어하는 일을 하며 몰입의 즐거움을 경험하지 않는다. 우리가 좋아하는 일을 했을 때 몰입의 즐거움을 느낀다.

몰입을 느꼈을 때 나타나는 가장 큰 특징은 시간 가는 줄을 모른다. 대체 시간이 언제 흘러간 것인지 자신을 놀라게 한다.

나의 경우 책을 보고 있거나, 글을 쓰고 있을 때 몰입을 경험한다.

시간의 흐름을 잘 인지하지 못한다. 그로 인해 아이의 유치원 하원 시간을 잊은 적도 몇 번 있었다. 다행히 아이는 잘 놀고 있었다. 그 이후부터는 알람을 맞춰놓고 생활하고 있다.

자신이 유독 몰입하고 있을 때를 잘 유념해보자. 자신이 흥미로워하는 분야일 가능성이 크다. 그 분야에 대해서 집중적으로 공부하고 노력해 간다면 두각을 보이기 마련이다. 무엇보다 중요한 것은 몰입을 통해서 즐거움을 경험해야 한다. 즐겁기에 힘이 들더라도 계속할 수 있는 용기가 생긴다. 그 용기가 모여 결국 노력이 더 해 갈 것이고, 결국엔 엄마의 꿈을 이룰 수 있게 도와줄 것이다.

나는 무엇에 몰입을 느끼고 있을까? 나는 무엇을 할 때 행복감이 충만되고 있을까? 잠시 책장을 덮고 사색의 시간을 가져보길 바란다.

책의 공백을 이용해서 자신의 생각들을 적어도 좋다. 자신이 유독 몰입을 느끼게 되는 분야를 찾게 된다면 엄마의 꿈에 날개를 단 것이다. 이제 그 날개를 활짝 펴고 꿈의 자유를 만끽해 보길 바란다.

_꿈을 발견하고 행동할 시간

엄마가 되고 나면 시간관리 조정이 필요하다

엄마가 되는 순간, 엄마의 몸 하나로 24시간을 관리하기가 쉽지 않다.

엄마가 되고 나면 최소한 1인 3역은 기본이다. 나란 역할, 엄마라는 역할, 아내라는 역할이 그것이다. 더 확장해 나가자면 자신의 친정 가족 외에도 시댁 등 새로운 가족 구성원으로 인한 새로운 역할들이 다양할 것이다. 그럴 때 필요한 것이 바로 엄마의 일정표이다.

일정표는 일하는 엄마에게만 국한된 것이 아니다. 공부하는 엄마라면 모두가 필요하다.

하루의 일정표를 언제 작성하면 좋을까? 전날 밤 자기 전에 내일의 계획을 미리 세워도 좋고, 새벽에 일찍 일어나서 오늘 하루의 계획을 세워도 좋다. 여기서 중요한 것은 자신에게 주어진 자유 시간 안에서 가장 중요하다고 여기는 일이 가장 1순위가 되어야 한다는 사실이다. 덜 중요한 일은 자투리 시간을 활용하거나 순위를 늦춰야 한다.

시간 관리 전문가인 스티븐 코비 박사의 영상을 기억할 것이다.

항아리 안에 큰 돌과 모래를 모두 넣기 위해서는 모래가 먼저가 아니라 큰 돌을 먼저 넣고, 모래를 넣어야 항아리 안에 돌과 모래를 모두 넣을 수가 있다. 여기서 큰 돌이란 자신이 가장 소중하게 생각하는 가치가 될 것이며, 모래는 그보다 덜 중요한 나머지의 것들이 될 것이다. 중요한 것과 덜 중요한 것들을 구분해 내는 능력이 필요하다.

엄마로서의 퇴근 시간은 아이들의 꿈나라 이후부터였다. 그때부터 본격적인 엄마의 역할이 아닌 나의 역할로서 공부를 시작했다. 아이들은 일찍 잠이 들지 않았다. 아이들이 잠이 들기를 기다렸다가 공부를 하다 보니 새벽 2시에서 3시가 넘어가는 것은 순식간이었다. 점점 몸에 리듬이 깨지기 시작했다.

아이들을 일찍 재우는 것이 급선무였다. 그러기 위해서는 부모인 우리가 먼저 일찍 자야 했다. 밤 10시에는 무조건 불을 끄고 아이들을 재우고, 새벽에 일찍 일어나는 것으로 방향을 바꾸었다. 새벽 5시에 일어나서 남편의 아침과 도시락을 챙겨주면, 회사에 일찍 도착한 남편은 회사 근처 헬스장에서 운동을 하고 업무를 시작했다.

남편이 출근을 하고 나면 따뜻한 허브차와 함께 공부가 시작되었다. 처음 며칠 동안은 모두가 잠들어 있는 평화로운 새벽의 기운을 받으며, 정신이 총명해짐을 경험했다. 그런데 문제는 오후 시간대였다. 오후가 되면 비몽사몽이었다. 그러나 어느 정도 시간이 지나자 몸도 적응해 나가기 시작했다.

새벽 기상의 느낌을 말하자면 첫 번째로, 누구에게도 방해받지 않은 오로지 나의 시간이라는 점이다. 그러다 보니 자신과 가장 가까이 만날 수 있는 최적의 시간이 되어 주었다.

두 번째로는 뇌가 깨끗해져 있는 느낌을 받았다.

무엇인가 새로운 생각과 지식을 넣는 데 뇌는 준비를 하고 있었다. 그러다 보니 집중력과 몰입도가 커져서 새벽의 1시간과 오후 시간의 1시간은 시간의 밀도가 다르게 느껴졌다.

세 번째로는 하루의 일과 중 가장 중요하다고 판단하는 그 일을 먼저 해버리고 나니, 그 중요한 일이 밀리지가 않게 된다는 것이다. 엄마의 계획표대로 실천할 가능성이 매우 높아지게 된다.

꼭 새벽 기상이 아니라도 좋다. 자신에게 적합한 시간대를 찾아서 그 시간만큼은 꾸준하게 자신을 위한 공부 시간으로 채워나간다면 작은 눈덩이가 모여 어느덧 눈사람이 되어있는 모습을 발견하게 될 것이다.

모든 열매의 첫걸음은 작은 씨앗을 땅속에 심는 것부터가 시작이

다. 그 작은 시작이 습관이 되고 나면 그 노력이 쌓이고 쌓여서 결국
에는 탐스러운 열매를 맺게 할 것이다.

가슴이 시키는 일은 엄마를 성공으로 이끈다

_꿈을 발견하고 행동할 시간

학교 졸업 후에 공부가 진짜 공부다

대학교까지의 공부가 수동적인 공부였다면, 대학 졸업 이후의 공부는 자발적인 공부이다.

나는 8년 만에 대학원을 졸업하게 되었다. 결혼하고 나서 입학을 하게 되었는데, 한 학기를 마치고 나자 임신이 되었다. 입덧이 심해지자 공부에 집중이 되지 않았다. 이렇게 공부하기에는 등록금이 너무나 아까웠다. 더군다나 등록금은 학자금으로 대출받은 것이었다.

휴학을 결심하고, 태교에 집중했다. 시간이 지나서, 아이가 태어나고 학교에 다닌다는 것은 거의 불가능에 가까웠다. 모유를 먹어야 했고, 아이와 엄마는 마치 한 몸이나 마찬가지였다. 중간에 복학을 몇 번 시도했으나, 빈번히 그럴 상황이 되어주지 못했다. 그렇게 3 년 육아를 마치고, 둘째 아이가 태어났다. 그리고 또다시 육아가 시작되었다. 둘째 아이 역시 세 돌을 키우고, 이번에는 육아와 학업을 병행하기 시작했다.

주말이 되면 우리 가족은 학교에 함께 갔다. 남편이 고맙게도 직접 운전을 해서 데려다주었다. 그리고 저녁 6시가 되어 수업이 끝날 때쯤 맞추어 아이들과 함께 데리러 와주었다. 그렇게 하루도 빠짐없이 6개월간을 해주었다. 그 이후에는 혼자서 운전을 하며 수업을 듣게 되었다.

아침에는 일찍 일어나 가족들이 먹을 식사를 준비해 놓고 학교로 향했다. 가끔은 친정엄마께서 아이들을 맡아주시기도 하셨다. 그런 날엔 우리 부부는 학교에 함께 도착해서 내가 수업을 듣는 동안, 남편은 학교 도서관에서 공부했다. 수업이 끝나면 함께 만나서 아이들을 데리러 갔다.

리포트를 써야 할 때나, 평일에 수업을 들어야 할 때 등 남편의 도움이 컸다. 시험 기간이 되면 남편은 아이들을 데리고 공원에서 인라인을 타거나 등산을 하러 가거나, 되도록 오랜 시간을 아이들과 함께 밖에서 보내고 왔다. 혼자서 공부할 수 있게 배려를 해준 것이다. 학교 온라인 강의를 들어야 할 때는 가족이 함께 공원에 도착해서 나는 차 안에서 강의를 듣고, 남편은 아이들과 함께했다.

그리고는 졸업식이 되었다. 사실 졸업은 내가 아니라 남편과 아이들과 친정엄마가 했어야 했다. 친정엄마에게도 학사모를 씌워드리고 싶었지만, 사정이 생겨서 참석을 하지 못하셨다. 남편과 아이들에게 학사모를 씌워주며 우리는 삶의 소중한 추억 한 컷을 사진에 담고 있었다. 이 지면을 통해서 다시 한번 깊은 고마움을 전하고 싶다.

공부는 학교에서 하는 것만이 공부가 아니다. 자신의 관심분야를 책을 통해서건 강의를 통해서건 몸으로 직접 경험해 보는 것 역시도 모두가 공부이다. 즉 배움 자체가 공부인 것이다. 학교에서의 공부가 기본기를 주었다면 학교 밖에서의 공부는 진짜 공부가 시작되는 것이다. 바로 실전이기 때문이다.
지금 하고 있는 공부가 자신이 원하는 분야라면 끝까지 믿고 나아가야 한다. 만약 자신이 해야 할 공부를 아직 못 찾았다면 찾아 나서면 그만이다. 자신만의 분명한 목표와 열정의 힘이 결국 자신을 꿈의 목적지에 데려다줄 것이다.

엄마의 작은 용기가 엄마를 행복으로 이끈다

어느 날 한 엄마가 보물섬을 다녀왔다. 진귀한 보물들이 한가득했다. 엄마는 이 보물들을 무조건 담고 싶어 했다. 그런데 이 보물섬은 규칙과 미션이 있었다.

그 보물들 가운데 배에 실을 수 있는 보물은 단 10가지로 제한이 되어 있는 것이다. 엄마는 그 수많은 보물 가운데 10개의 진귀한 보물들을 배에 가득 싣고 기쁜 마음으로 집을 향한다. 그런데 다시 미션을 준다. 그 보물들 가운데 모두 버리고 자신이 도저히 버릴 수가 없는 것 5개만 선택하라는 것이다.

엄마는 고민 끝에 5개의 보물만 싣고서 집을 향한다. 가다 보니 또다시 미션을 준다. 이번에는 3개만 남기고 모두 버리라는 것이다. 모두 다 소중한데 이 중에서 3개만 고르라니, 너무나 아깝지만 결국 3개만을 남기고 또다시 집을 향한다.

그리고 마지막 미션, 도저히 버릴 수가 없는 단 하나만을 고르라는 마지막 미션이 도착한다.

우리가 만약 이런 상황에 놓이게 되면 우리는 마지막 하나로 무엇을 남기게 될까?

이제 엄마만을 위한 꿈의 노트를 준비해보자. 준비되었다면 맨 앞장에는 엄마만의 강점을 적어보는 것이다. 자신의 탐색 과정이기도 하다. 스스로가 느끼고 있는 것도 좋고, 타인을 통해서 칭찬을 들었던 사항도 좋다. 모두 기재를 해보는 것이다. 아주 작고 사소한 것도 좋다. 그 사소함이 결국 특별함을 만들기 때문이다.

강점들을 나열했다면 두 번째 장에는 엄마가 어떤 삶을 살아가고 싶은지 한 줄로 요약을 해보자. 그것이 곧 엄마의 삶에 대한 비전 선언문이다.

세 번째 장에는 위에서 이야기한 〈엄마의 보물섬 이야기〉를 그대로 실행해보는 것이다. 자신이 되고 싶고, 하고 싶고, 갖고 싶은 것 즉 엄마의 꿈에 대해서 10개를 적어보는 것이다. 그중에서 모두 버리고 5개, 또 버리고 3개, 마지막 1개만을 선택해보자.

우리가 집중해야 할 것이 바로 그 한 개이다. 그 마지막 한 개가 엄마에게는 도저히 버릴 수가 없는 것, 즉 꼭 이루어야만 하는 것이다. 그것이 우리가 느끼는 가장 소중한 꿈이 될 것이다. 이제 꿈이 그려졌다면 그것을 아주 작게 세분화해야 한다. 아주 작은 단위로 쪼개어 보는 것이다. 누구나 쉽게 할 수 있을 만큼 작게 말이다. 그것이 곧 목표가 될 것이다.

우리가 맛있는 수박을 먹기 위해서는 수박을 반으로 쪼개기부터 시작한다. 그리고 그것을 또 쪼갠다. 우리가 먹기 좋은 크기만큼 계속 쪼갠다. 그래야 먹기가 편하다.

책 쓰기를 예로 들어보자.

책 한 권은 한글 파일로 A4 용지 100장 내외의 분량이다. 책 한 권을 쪼개어 보는 것이다. 책은 보통 1장에서 5장까지 5개의 장으로 이루어져 있다. 5개의 장으로 쪼갰다면 그것을 또 쪼개어보자. 이번에는 한 개의 장에 대략 8개의 목차로 구성되어 있음을 알게 된다. 총 5개의 장에 8개를 곱하니 40여 개의 목차로 이루어진 셈이다.

거기서 또 쪼개어 보자. 한 개의 목차를 쪼개어보면 A4 2장에서 2장 반 정도라는 것을 알 수 있게 된다. 그리고 나서 하루에 해야 할 분량을 정해보는 것이다.

하루에 목차 1개씩 쓰는 것을 목표로 둔다면 총 40개의 목차는 40일이면 초안이 완성된다. 하루의 분량은 A4 2장에서 2장 반 정도가 되는 것이다. 이 양이 많다고 생각이 되면 여기서 더 쪼개어보자. 자신의 상황에서 할 수 있을 만큼 세분화시켜보는 것이다.

그 하루의 작은 실천이 모이게 되면 결국 자신이 설정한 목표는 완성되게 된다. 첫 번째의 목표가 완성되고 나면 그다음 계획은 자연스럽게 세우고 실천하게 된다. 마치 한 뿌리에서 여러 개의 감자가 줄지어 나오듯 작은 목표의 성공 경험이 또 다른 성공을 불러일으키게 된다. 그러고 나면 지금의 모습에서 더 긍정적이고 더 밝은 쪽으로 스스로를 변화해 가게 된다. 그 과정이 결국에는 엄마를 행복한 꿈으로 이끌어 주게 된다.

노자의 말에 잠깐 귀 기울여 보자.

"아무리 뛰어난 천리마라도 한 번에 열 걸음씩 뛸 수 없고, 아무리 둔한 말이라도 열흘 길을 갈 수 있는 것은 멈추지 않고 계속 가기 때문이다."

엄마의 자아실현에 대한 꿈을 놓치지 말고, 자신의 삶에 도전하며 조금씩 조금씩 앞을 향해서 나아가보자. 나아가다 보면 희미했던 그림이 조금씩 선명해짐을 느끼게 될 것이다. 엄마의 작은 용기가 실천을 부르고 그 실천이 모여서 결국에는 엄마의 꿈에 도달하게 할 것이다. 엄마의 작은 용기에 박수를 보내고 싶다.

엄마의 가장 큰 동기부여는 바로 가족

첫째 아이의 뒤집기를 했던 모습은 아직도 생생하다.

둘째 아이는 쉽게 뒤집기를 했지만 첫째 아이는 매일 하루도 빠짐 없이 몸을 뒤집으려고 계속 시도를 했다.

아이를 유심히 살펴보았다. 아이는 아이만의 방식이 있었다. 발을 바닥에 쿵쿵 두 번을 내리치고 그 힘을 이용해서 몸을 굴리며 몸을 뒤집으려 했다. 그런데 좀처럼 되지 않는 것이다.

아이는 눈을 뜨면 매일같이 연습을 하고 있었다. 마치 컴퓨터에 프로그래밍이 된 것처럼 몸이 자동이었다. 어림잡아 하루에 100번 이상은 시도하는 듯 보였다. 몸이 뒤집어지려 하면 이제는 머리가 무거워서 다시 제자리를 향했다. 계속해도 안 되니 결국 울음을 터뜨렸다. 옆에서 바라보기가 너무나 안타까워 살짝 손으로 밀어주기도 했다. 그러나 아이는 아이 스스로가 하기 위해 연습에 연습을 거듭했다. 그리고 며칠이 지나 결국 아이는 스스로 해냈다.

감동의 순간이었다. 그 모습이 너무나 경이롭고 놀라웠다. 이제 불과 태어난 지 4개월밖에 되지 않은 아이도 이렇게 자신이 해야만 하는 일에 대해서 온 힘을 기울이는데, 엄마인 나 역시도 엄마의 꿈을 위해 최선을 다해야겠다는 생각을 다시금 하게 해주었다.

그 아이들이 자라서 어느덧 엄마의 꿈의 파트너가 되었다. 서로의 꿈을 이야기할 수 있는 나이가 되었다.

엄마가 듣고 싶은 강연이나 교육이 있을 때 아이들을 맡기는 것이 어려운 현실이다. 아이들이 참석해도 되는 교육이라면 양해를 구하고 되도록 아이들과 함께 교육을 듣는다. 아이들은 즐겁게 따라나선다. 만약 꼭 들어야 하는 교육인데, 아이들 참석이 어렵다면 남편이 도움을 준다.

퇴근시간에 맞추어서 아이들과 함께 회사 앞으로 오라고 한다. 남편은 아이들과 함께 저녁식사를 하고, 나는 바로 교육장소로 향한다. 날씨가 좋은 주말에 강연이 있는 날이면 남편이 운전해서 강연장소에 데려다준다. 나는 강연을 듣고 남편은 아이들과 함께 근처 공원에서 함께 했다. 강연이 끝나면 우리 가족은 남은 시간을 함께 보냈다. 비가 세차게 오는 날에는 혼자서 운전을 하며 타 지역까지도 강연을 들으러 갔다. 내가 꿈을 향해 나아갈 수 있는 것은 바로 가족이 있기 때문이다. 가족의 힘이 없다면 아마도 꿈을 이룬다는 것은 불가능할지도 모른다.

꿈을 향해서 나아가고 있거나, 꿈을 이룬 사람에게는 아마도 가족의 힘의 공로가 가장 클 것이다.

교육을 듣고 돌아와 현관 번호 키 소리가 들리면 아이들은 일제히 숨는다. 숨바꼭질이 시작된다. 아이들을 한 명씩 찾고 나서 잠을 재운다.

어떤 날에는 교육을 듣고 왔는데 아이들이 잠을 자고 있을 때가 있다. 그럴 때는 깨우고 싶을 만큼 해맑은 표정이 아른거린다. 뽀뽀로 아쉬움을 달랜다. 아이들의 깔깔거리는 소리와 배우자의 배려가 엄마에게는 가장 큰 힘이 된다. 가족이란, 아무리 많은 사랑을 퍼주고 퍼주어도 또 주고 싶은 사람들이다.

우리가 가족들에게 해줄 수 있는 일은, 엄마 스스로가 자신을 사랑하고 행복한 삶을 느끼는 것이다. 그러했을 때 우리의 행복이 자녀와 배우자에게 자연스럽게 퍼져나가게 된다. 가족을 위한다는 것이 결국 나의 희생이 아니라 내가 나답게 살아가는 것이다. 그 나다움이 결국 가족 모두를 행복으로 이끌게 된다.

엄마가 되었다는 것은 가장 아름다운 훈장을 받은 것과도 같다. 배우자가 함께 있다는 것 역시 우리의 삶에 평생 친구를 가까이 두고 있는 격이다.

세상에서 가장 따스한 이름 중에 하나가 바로 가족일 것이다. 그 가족 안에서 엄마가 된 우리, 행복해질 자격이 너무나도 충분하다.

가족은 우리들의 힘

아이들이 태어나기 전의 일이다.

결혼하고 입학했던 대학원 1학기 첫 중간고사가 다가왔다.

우리 부부는 함께 서재에서 각자 공부를 하고 있었다. 다음 날이 시험일이었다.

시험공부를 하며, 공부한 내용을 문서로 요약해서 정리해 나갔다. 시험은 오픈 북이었다.

"우아, 이제 공부 마쳤다!"

기지개를 켠 후, '이제 프린트를 해야지.' 하는데 집에 프린트가 없다는 것을 잊고 있었다.

시계를 보니 시간은 새벽 4시였다.

"아~ 어떡하지?"

"아침 9시면 시험인데, 오픈 북이라서 프린트로 꼭 봐야 하는데 ...."

멍하니, 남편의 얼굴만 물끄러미 바라보았다.

남편이 말했다.

"알았어, 내가 PC방에서 프린트해다 줄게!"

남편은 서둘러서 USB를 들고 옷을 챙겨 입고 나갔다.

남편은 5시가 훌쩍 넘어서 도착했다.

"고마워! 근데 많이 늦었네?"

알고 보니, 24시간 PC방이 두 군데가 문이 닫혀 있어서 주변을 살살이 살피다가 겨우 한 군데를 찾아서 프린트해온 길이라고 했다.

그때의 고마움은 지금도 잊을 수가 없다.

그리고 오픈 북 시험이 시작되었고 결과가 나왔다.

한 과목만 A0이고, 나머지는 모두 A+가 나왔다.

무엇보다 내가 원해서 하는 공부였기에 공부가 재미가 있었다.

"어, 이 정도면 장학금도 받을 수 있겠는데??"

그러고는 기말고사가 시작되었고 최종 결과가 나왔다.

다른 과목들은 모두 A+가 나왔는데, 한 과목에서 B+가 나와 버렸다.

나는 표정이 시무룩해져 있었다.

처음부터 장학생을 목표로 둔 건 아니었지만, 고등학생 때 성적 장학생 경험도 있으니 가능할 수도 있겠다는 생각을 했었다.

그런데 결과는 아니었다.

시무룩한 나를 보며 남편은 위로하기 시작했다.

"괜찮아, 나도 있잖아! 예전에 학교 다녔을 때 빵점 맞은 적도 있었어!"

그 얘기는 예전에 들어서 알고 있었지만, 날 위로하기 위해 또 이야기를 하고 있었다.

똑같은 이야기가 그때는 너무나 웃겨서 웃음이 났는데, 이번에는 웃음이 나질 않았다. 사실, 남편 역시도 고등학교 때 성적 장학생이었다.

우리는 같은 이야기인데도 자신의 감정 상태에 따라 이야기가 다르게 들리기도 한다.

"알았어, 힘낼게! 고마워!"

가족은 우리들의 힘이다. 가족의 따뜻함이 있기에 우리가 호흡이 가능하다. 엄마에게 가장 강력한 파트너는 바로 우리들의 가족일 것이다.

가족이 있기에 엄마의 꿈은 성장해 나간다

개구리 두 마리가 점프하다가 그만 우유통 속에 퐁당 빠지고 말았다. 그런데 두 개구리의 행동이 아주 달랐다.

한 마리는 벽도 너무나 미끄럽고 우유통 속이 너무나 깊으니 모든 것이 끝났다고 체념을 하였다. 그리고 얼마 못 가서 죽고 말았다.

그러나 다른 한 마리는 여기서 그냥 죽을 수는 없다고 생각하며 밤이 새도록 쉬지 않고 계속해서 뛰어올랐다. 계속해서 우유를 저으며 뛰다 보니 어느새 우유는 버터가 되어 있었다.

개구리는 단단하게 굳은 우유를 딛고 일어나 힘껏 뛰어올라 자신이 살던 곳으로 달아났다.

서양속담의 '포기하지 않는 개구리가 버터를 만든다.'라는 이야기이다.

포기하지 않은 열정이 결국엔 우유라는 환경에서 버터의 환경으로 바꾸어버린 것이다.

엄마가 된 우리 역시 이러한 힘을 갖고 있다. 지금의 환경을 바꾸길 원한다면 바꾸어 버릴 수가 있다.

그러한 힘은 가족이 있기에 가능하다. 우리를 사랑해주고 우리를 지지해주는 가족에 대한 사랑이 있기에 엄마의 꿈이 흔들리지 않고 지탱할 수가 있는 것이다.

가족을 엄마의 꿈에 자연스럽게 초대해보자. 엄마의 꿈을 통해서 가족들 역시 행복한 동기부여를 받게 된다.

자녀는 자녀 스스로가 꿈에 대해서 생각해보고, 배우자 역시도 자신의 꿈에 대해서 깊게 고민하게 된다.

엄마의 꿈이 결국 가족 모두를 꿈꾸게 만든다.

꿈을 꾸는 가족은 서로의 꿈에 대해서 파트너이자 지지자가 되어준다. 그리고 가족의 대화는 꿈의 대화들로 채워지게 된다.

자녀가 성장해나감에 따라 엄마의 꿈도 점점 커지게 된다. 자녀와 배우자 역시 마찬가지이다. 가족은 어느 한쪽의 희생이 아니라 모두가 함께 골고루 성장해 나가야 할 아름다운 집단이다.

서로의 꿈을 방해하는 것이 아니라, 서로의 꿈을 존중하고 믿어주는 것, 꿈길에서 넘어졌을 때 가장 먼저 손 내밀어 줄 수 있는 곳이어야 한다.

꿈이란 보이지 않는 것을 믿는 힘이다.

보이지 않는 꿈을 믿어주는 것, 꿈꾸는 사람에게는 가장 필요한 선물이 될 것이다.

엄마의 꿈이 가족 모두를 꿈꾸게 하고, 꿈꾸는 가족이 있기에 엄마의 꿈이 성장하게 되는 선순환이 되게 된다.

꿈꾸는 가족이 되기 위해서는 엄마의 꿈 찾기가 먼저이다.

엄마가 꿈을 꿀 때 가족 역시 꿈을 꾸게 된다. 한 사람의 꿈보다 여러 사람의 꿈이 더해졌을 때 그 꿈의 힘은 더욱더 강력하고 견고해지게 된다.

공부하는 엄마는 공부하는 가족을 만든다

_꿈을 발견하고 행동할 시간

배움에는 끝이 없다

옛 어르신들 말씀 가운데, 늦공부가 터지면 무섭다더니, 공부의 맛을 뒤늦게 알아버렸다. 무언가를 배워갈수록 아는 것이 많아진다는 느낌보다는 모르는 것이 많음을 더욱더 실감하게 된다.

무언가를 배워 갈수록 갈증은 더해만 간다. 배움에는 끝이 없음을 이제야 실감을 하게 된다.

우리는 누군가에게 선생님이 될 수도 있고, 누군가에게는 학생이 될 수도 있을 것이다. 그리고 서로가 선생님이 되어주기도 하고, 학생이 되어주기도 한다.

인간은 불완전함을 조금씩 성장해 가는 존재임을 느끼게 된다.

공부의 맛을 언제부터 조금씩 느끼게 되었을까 곰곰이 생각해보면 책을 만나고부터인 듯하다.

책에는 우리가 알고 싶어 하는 지식과 경험과 지혜의 산물들이 그대로 녹여져 있다.

수 세기에 걸쳐서 오랫동안 전해져 오는 것 가운데 우리가 가장 손쉽게 접할 수 있는 것이 바로 책이다. 그중에서도 특히 고전은 수 세기의 검증작업을 거쳐서 사랑받는 책들이다. 사랑받는 책에는 특별한 이유가 존재한다. 그 이유를 알고 싶다면 직접 읽어보면 스스로가 깨닫게 된다.

나의 삶에 가장 큰 영향을 미친 인생 책 두 권을 꼽으라고 한다면 첫 번째로는 〈논어〉이다. 공자와 제자들의 대화를 통해서 삶의 지혜를 엿볼 수가 있는 책이다. 논어를 처음 접했을 때의 그 감흥은 잊을 수가 없다.

논어는 쉽게 대화체 형식으로 구성되어 있다. 짧고 간결하면서 그 대화 속에 메시지를 통해서 공자의 엄청난 내공을 엿볼 수가 있다.

두 번째로는 1575년 율곡 이이가 제왕의 배움을 위하여 임금에게 지어 바친 책 〈성학집요〉이다. 이 책은 임금에게뿐만 아니라 우리의 삶의 배움을 위해서도 깊은 통찰을 제공한다.

이 두 권의 책이 나의 삶에 중추적인 역할을 해주고 있는 것 같다. 남편의 경우는 홍자성의 〈채근담〉이 삶에 가장 큰 영향력을 주었다고 한다.

자신만의 인생 책을 만난 사람도 있고, 아직 만나지 못한 사람도 있을 것이다.

우리는 하나의 책을 읽더라도 느끼는 감흥이 모두가 다르다. 자신에게 어울리는 옷이 있듯이 자신에게 어울리는 책이 있는 것 같다. 타인이 읽었던 책의 추천을 받아도 좋고, 스스로 찾아보는 것도 좋다. 스스로 찾아보는 그 기쁨 또한 우리에게 즐거움을 안겨줄 것이다.

한 권의 책에서 한 줄의 문장이 자신의 삶에 지대한 영향력을 미쳤다면 그것 역시 자신의 인생 책이 될 것이다.

자신만의 인생 책을 만나게 되면, 그 순간부터 공부의 참 맛을 조금씩 느끼게 된다.

엄마의 작은 공부가, 가족을 행복으로 이끈다

어느 날, 7살 아이가 묻는다.

"엄마, 뭐 해?"

"응, 공부하는 중이야."

"공부가 재미있어?"

"응, 아주 재미있어."

"새로운 것을 배운다는 것은 정말 신나는 일 같아."

아이가 갑자기 나가더니 책 한 권을 들고 온다.

"엄마, 나도 공부할래, 책 읽어줘!"

공부는 전염성이 아주 강한 긍정 에너지이다. 한 사람이 공부하게
되면 그 에너지는 가족 전체를 향하게 된다. 아이를 키우고 있는 엄
마가 된 우리는 모두가 경험하고 있을 것이다.

아이가 부모의 모든 행동을 거르지 않고, 전체를 흡수하고 따라
하고 있다는 사실을 말이다.

부모에게 거울이 있다면, 자녀에게도 거울이 있다. 아이라는 거
울을 통해서 부모가 된 우리는 자신을 비춰보게 된다. 부모가 성장
할 수 있는 이유는 바로 자녀라는 거울이 있기에 가능하리라 생각
해본다.

자녀가 어렸을 때부터 공부하는 엄마의 모습을 보여주면 어떨까?
공부의 즐거움을 엄마가 먼저 경험해 보는 것이다. 아이가 어느덧
자라서 학생이 되더라도 공부로 인해 서로가 스트레스받는 일은 줄
어들 것이다. 자녀에게만 공부하라는 모순된 행동 역시 피할 수가
있게 된다. 오히려 공부라는 매개체를 통해 서로의 공부 파트너가
되어 줄지도 모른다.

엄마가 공부하게 되면 배우자는 어떨까? 배우자 역시도 함께 공
부하게 된다. 서로에게 동기부여가 되어주는 것이다. 남편 역시도
하루 분량의 공부를 되도록 마치고 잠자리에 든다.

엄마의 공부가 결국에는 자녀에게도 배우자에게도 공부하는 가족을 만들게 된다. 공부하는 가족문화가 형성되면 가족의 새로운 형태의 시스템이 생겨난다.

남편이 공부를 하고 있으면, 아내가 과일이나 차를 갖다 준다. 공부에 전념할 수 있게 말이다. 그건 남편 역시도 마찬가지이다.

내가 공부를 하고 있으면 간식을 만들어주거나, 아이들이 방해하지 못하게 아이들과 함께 놀아준다. 아이들이 공부하고 있을 때는 어떨까?

엄마인 내가 간식을 주거나, 엄마가 공부를 하고 있을 때에는 아이들이 엄마가 좋아하는 허브차를 갖다 주기도 한다. 시키지 않아도 스스로가 자연스럽게 서로를 배려하게 된다. 가족의 배려를 받으니, 공부는 더욱더 재미있어질 수밖에 없다. 바로 공부의 선순환이 일어나는 것이다. 그리고 그 안에서 가족의 사랑을 느낄 수가 있으니, 작은 공부 하나가 행복한 가족을 만들게 되는 셈이다.

공부의 즐거움을 느끼게 되면, '공부를 해라.'라는 소리가 아니라 엄마인 자신이 공부를 하게 될 것이며, 자녀 역시도 공부의 어려움을 느낀다면 스스로가 공부의 도움을 요청해 올 것이다.

오늘이 우리에게 선물인 이유

오늘을 살아간다는 것은 과거와 현재와 미래가 모두 섞여 있다. 과거 속의 생각과 미래의 생각이 더해져서 바로 오늘을 그려가기 때문이다.

그런데 여기서 중요한 것은 오늘을 살아가며 과거 속에 머물러 있으면 안 된다는 것이다.

'그때 그러지 말았어야 했는데.', '그때 그 선택보다는 다른 선택을 했어야 했는데.' 하고 우리는 보통 과거에서 자신의 좋았던 부분보다는 후회하는 생각들로 채우게 된다.

그런데 잘 생각해보자. 과거의 선택이 무엇이 되었든 이미 지난 일이다. 과거 속의 일이 지금까지도 영향을 미친다고 하더라도 결국 엎질러진 물과도 같다.

과거의 생각을 붙잡고 있으면 오늘을 살더라도 과거 속에 머물게 된다. 그러나 과거의 일을 기반으로 해서 자신을 더욱더 성장시켜 나간다면 그 과거가 결국엔 발판이 되어줄 것이다. 과거 속에서의 교훈을 통해서 오히려 발전된 자신을 만날 수가 있게 된다.

우리가 살아가야 할 날은 바로 오늘이다.

나라는 사람은 과거 속의 나가 아니라 오늘의 날짜인 내가 되어야 한다. 오늘의 날들이 모여서 결국 미래가 되고, 과거가 되는 것이다. 과거와 미래의 중심에는 바로 현재라는 오늘이 있다. 우리가 살아가야 할 날 역시 오늘에 집중하고 오늘을 온전하게 살아내야 한다.

엄마가 되고 나면, 아이는 성장해 가고 있는데 자신은 제자리걸음을 하는 기분을 느낄 수가 있다. 특히 사회적 경력이 단절된 여성의 경우 더더욱 그러할 것이다.

우리의 삶을 잘 살펴보자.

어렸을 때부터 '지금의 나'이기까지 우리는 수많은 경험을 해왔다.

우리의 삶의 경력은 이력서의 경력만이 아니다. 이력서 안의 세상보다 이력서 바깥에서의 세상을 훨씬 더 많이 경험해 왔다. 그동안 자신의 경험들은 마치 물감의 색깔 하나 하나와 같다.

물감의 색깔들이 모여서, 조화를 이루어 하나의 그림이라는 아름다운 작품을 만들어 내는 것이다. 다양한 경험들이라면 다채로운 색상들이 모인 수채화 같은 그림이 될 것이며, 다양한 경험이 아니라면 적은 수의 물감으로 깊이 감 있는 그림을 그려 낼 것이다.

수묵화는 어떠한가? 검은색의 먹물 하나로도 아름다운 예술 작품을 만들어 내기도 한다.

우리의 삶은 그동안의 경험들이 모두 연결 지어져 있다. 연결되지 않은 것이 없다. 그 경험들을 바탕으로 우리만의 아름다운 그림을 그려나가면 되는 것이다.

나에게는 어떤 색깔의 물감들이 있으며 어떤 그림을 그려나갈지는 오로지 자신만이 풀어내야 할 숙제이다.

그에 대한 하나의 힌트는 과거 속에 머무는 내가 아니라 오늘에서의 나로 온전하게 살아가 보는 것이다. 내가 삶의 진정한 주인이 되어 보는 것이다.

지금 이대로의 모습도 우리에게는 빛이 난다

우리는 엄마다. 엄마라는 그 자체만으로도 아름답고 훌륭하다.
우리가 어렸을 때를 생각해보자.

부모라는 존재는 거대한 산과 같았다. 아이의 눈에 비추어진 부모님의 모습은 거의 신적인 존재와도 같았을 것이다. 그 작은 아이가 어느덧 성장해서 부모가 되었다. 엄마가 된 것이다. 아이의 눈에 비추어진 우리의 모습은 어떠할까? 우리가 어릴 때 느꼈었던 그 마음과 같을 것이다. 엄마가 훌륭해서, 그렇지 못해서가 아니라 그냥 엄마이기에 나의 엄마이기에 그 자체만으로도 아이에게는 기쁨이고 행복인 것이다. 이 세상에서 안전함을 느끼는 것이다.

잠자리에 누우려는데, 침대 위 커튼 위에 종이로 접은 작은 하트가 있었다. 그 위에는 '엄마 사랑해.'라는 글이 적혀 있었다. 종이를 접으며 아이의 마음이 어땠을지 생각해 보니 가슴이 벅차올랐다.

큰아이가 8살 때의 일이다.

"엄마는 세상에 태어나서 가장 잘한 일이 첫 번째로, '아빠와 결혼한 일', 두 번째는 '초록'이 낳은 일, 그리고 세 번째는 '대박'이 낳은 일 같아!"(아이들의 태명이다. 초록이는 엄마가 대박이는 아빠가 지어주었다.)

그랬더니 큰아이가 대답을 한다.

"엄마, 나는 이 세상에 태어나서 가장 잘한 일이 엄마 배 속에서 자란 일 같아."

그 말을 들은 후 나는 순간 할 말을 잃었다. 사실 부족함이 너무도 많은 초보 엄마인데, 아이의 눈에는 자신의 엄마이기에 아주 커다란 존재로 보이는 것이다.

엄마가 된 우리는 아이들로부터 감동과 놀라움을 느낀 적이 한두 번이 아닐 것이다. 엄마로서 느끼는 행복감 역시 무엇으로도 바꾸기 어려운 소중한 가치이다.

지금의 우리의 모습이 엄마 스스로가 생각하기에는 부족하고, 연약한 존재이지만 아이의 눈에 비추어진 우리의 모습은 강인하고 멋진 엄마인 것이다.

우리는 엄마가 된 사실만으로도 아이들에게만큼은 소중하고 빛나는 존재이다.

아이의 눈에 비추어진 최고의 엄마는 자신을 낳고, 키워주는 엄마인 것이다. 엄마가 된 당신을 응원하고 온 마음을 담아서 축복한다.

무언가를 시작하기에 가장 좋은 나이는
지금의 우리 나이

우리는 새해가 되면 새로운 소망들을 가득 담은 계획들을 세우게 된다.

새해가 된 1월 1일은 우리에게 희망과 사랑과 열정을 선물한다. 우리에게 참으로 특별하고 고마운 날이다.

그러나 새해는 우리 인간이 정해놓은 날짜일 뿐이다. 우주의 입장에서 바라봤을 때는 낮과 밤이 바뀌어가며 하루하루가 늘 새로운 날이다. 우리에게도 역시 매일이 새로운 날인 것이다. 즉 새해인 것이다.

오늘의 하루를 늘 새해처럼 살아본다면 어떨까?

매년 1월 1일에 느끼는 그 감정을 매일 매일 느껴보는 것이다. 오늘이 항상 우리에게는 새로운 날이기에 말이다.

오늘을 새해라고 여기게 되면, 하루하루가 새로운 계획들로 채워지게 된다. 그리고 다채로운 하루가 된다. 다채로운 하루는 다채로운 밥상과도 같다. 그 밥상에 어떤 음식들로 채워갈지는 우리의 선택이다. 거기에는 자신이 좋아하는 반찬도 꼭 넣어주자.

지금의 우리는 나이를 많다고 생각하고 있을까, 아니면 적다고 생각하고 있을까?

꿈을 꿀 때, 우리는 나이를 생각하며 지금 이것을 배우기에는 너무 늦은 나이가 아닐까 염려하기도 한다. 그런데 잘 생각해보자.

나이 역시도 우주의 관점에서 바라보면 우리 인간이 만들어 놓은 숫자일 뿐이다. 그 숫자에 자신을 끼워 맞출 필요는 없다. 모든 것의 빠르고 늦음의 기준은 바로 우리 생각의 산물이기 때문이다. 무언가를 배우기에, 무언가를 시작하기에, 무언가를 꿈꾸기에 가장 좋은 나이는 바로 지금의 우리 나이이다.

우리는 인생의 사계절 중 어디쯤에 와있을까

우리에게 봄은 소아기, 여름은 청소년기, 가을은 장년기, 겨울은 노년기가 그것이다.

봄은 푸릇푸릇 돋아나는 새싹이 될 것이고, 여름은 무성하게 자라나는 성장기가 되며, 가을은 삶의 의미를 알아가는 중후함이 있다. 그리고 노년은 다음 생애를 준비하는 깨끗한 마음이 있다. 지금의 우리는 어느 계절쯤에 와 있을까?

삶은 계절마다 아름다움이 있다. 봄에는 꽃이 있고, 여름에는 나비가 있으며, 가을에는 단풍이 있다. 그리고 겨울에는 아름다운 눈꽃이 있다. 저마다의 고유한 아름다움이 있다.

자신의 계절을 충분히 만끽하고 다음 계절을 준비하자.

우리의 계절이 지금쯤 어디에 있든지 상관없다. 다만 자신의 계절이 어디쯤에 와 있는지 발견하고 그 계절을 마음껏 누려야 한다.

인디언 금언 중에 이런 말이 있다.

"어떤 말을 만 번 이상 되풀이하면 반드시 미래에 그 일이 이루어진다."

만 번 이상 되풀이할 만큼 엄마의 간절하고 소중한 그 꿈을 발견하자. 그리고 그 꿈을 향해 나아가보자. 우리 함께 말이다.

엄마,
부모 공부

_부모와 아이가 함께 성장해가는 시간

부모가 된다는 것은 아이의 거울을 통해서
진정한 나를 보기 위함이다.

세상에서 가장 고귀한 선물, 자녀

_부모와 아이가 함께 성장해가는 시간

자녀가 탄생한다는 것

아이는 세상에서 가장 평화롭다고 여기는 엄마의 자궁이라는 안전지대에서 둥지를 틀게 된다. 그리고 엄마와 아이의 아름다운 소통이 시작된다.

입덧이라는 힘겨움이 있지만 우리는 소중한 아이를 위해 기꺼이 견디어낸다.

어느덧, 임신 5개월 차가 되면 아이는 엄마에게 몸짓으로 첫 신호를 보내준다. '엄마 저는 잘 지내고 있어요.'라고 말이다. 태동을 느끼는 것이다. 그때의 감동 역시 우리는 생생하게 기억하고 있을 것이다.

우리는 아이가 궁금해서 주기적으로 초음파를 통해 아이의 상태를 관찰하게 된다. '아이의 손가락이 10개네요. 아이의 발가락도 10개 네요.' 의사 선생님의 그 문장이 엄마가 된 우리에게 얼마나 큰 안도 감을 주었던가.

그렇게 아이는 300일의 과정을 엄마와 함께 하나의 몸속에서 생활하다가 세상 밖으로 나올 준비를 하게 된다.

엄마는 아이를 세상 밖으로 내보내기 위해, 아이 역시 세상 밖으로 나오기 위해 엄마와 아이는 한 팀이 된다. 그리고 자신이 동원할 수 있는 모든 힘과 에너지를 이용해서 결국 첫 대면을 하게 된다. 그 경이로운 순간을 어찌 잊을 수가 있을까.

아이는 옷이라는 것을 처음 입고 주변을 둘러보며 바깥세상을 살피고 있었다.

'네가 초록이었구나, 안녕! 엄마야!'

아이가 전혀 낯설지가 않았다. 이미 열 달 동안 엄마와 아이는 수많은 대화를 나눴기에 말이다. 아이는 곧이어 바깥에서 기다리고 있는 아빠와 친지들에게 갔다. 아이를 처음 본 순간 남편은 눈물을 흘렸었다고 한다.

남편은 아이를 볼 수 있는 시간이 될 때마다 나의 손을 붙잡고 데려갔다.

나는 밤을 새우고 이제 막 출산을 마쳤으니, 쉬고 싶다는 생각이 더 컸었던 것 같다. 그런데 아이를 보고 나면 엄마의 힘든 몸은 잊은 채 마음이 흐뭇해진다. 우리는 이렇게 엄마와 아빠가 되었다.

아이의 해맑은 미소와 자는 모습을 바라보고 있노라면 그 깊은 행복감을 무엇으로 표현해야 할까. 옆에서 전쟁이 일어난다고 해도 아이는 고요하고 평온한 느낌으로 자고 있을 것만 같았다. 잠들어 있는 아이에게 뽀뽀하는 것조차도 조심스러웠다. 행여 그 고요함을 깨지 않을까 염려가 되었기 때문이다.

엄마가 되고 나서 우리는 자녀에게 최고의 VVIP 고객을 대하듯 온 정성을 쏟았을 것이다.

자녀의 탄생은 부모의 삶을 재조명하게 만든다. 아이가 성장해 가는 만큼 부모가 된 우리 역시도 조금씩 성숙해 감을 느끼고 있을 것이다. 부모가 되고 나서야 조금씩 어른이 되어가는 느낌을 받고 있을 것이다.

자녀는 부모에게 행복의 깨달음을
주려고 태어난 선물

여성에게 결혼, 출산, 육아라는 3종 세트 선물은 삶의 큰 변화를 겪게 만든다. 혼자의 몸이 아니라 자신만의 가족이 형성되기 때문이다.

자녀는 우리에게 어떤 의미일까?

사랑을 가장 많이 주고 싶은 사람일 것이다.

부모와 자녀라는 관계는 참으로 대단한 인연이다. 전 세계 75억 명의 인구 중에서 우리와 자녀는 그렇게 아름답고 소중한 인연이 되었다. 우리의 삶에 가장 경이롭고 축복받은 순간은 바로 우리가 부모가 된 순간일 것이다.

어느 날, 동생이 엄마와 늦게까지 놀자며 가만두지 않았다. 아이에게 물었다.
"엄마가 그렇게 좋아?"
아이는 '응.'이라고 대답한다.
"엄마 어디가 그렇게 좋은데?"
아이는 한 치의 망설임도 없이 대답한다.
"엄마 얼굴도 좋고, 엄마 몸도 좋고, 다 좋아."
큰아이에게도 물어보았더니 잠시 고민을 하더니 대답한다.
"엄마 마음이 좋아!"
아이들의 말에 너무나 감동해서 두 아이를 꼭 안아주었다. 그리고 대답했다.
"엄마도 너희들이 너~~~무 좋아."
그리고 이내 미안해져서 마음속으로 이야기했다.
'많이 부족한 엄마를 사랑해줘서 참 고맙다.'

자녀란 부모에게 행복의 깨달음을 주려고 태어난 선물일지도 모른다. 행복은 거창한 것이 아니라 작고, 소소한 일상 속에 있음을 말이다.

아이들의 순수하고 아름다운 세계를 접할 수 있는 기쁨은 부모만이 누릴 수 있는 특별한 행복이다.

강의에서 들었던 이야기를 아이들과 나누고 있었다.

"식탁처럼 생긴 두 개의 네모 모양의 그림이 있는데, 하나는 가로가 길고, 세로가 짧았어. 나머지 하나는 그 반대로 가로 모양이 짧고, 세로 모양이 더 길었어.

분명 엄마의 눈에는 첫 번째 그림의 가로 모양이 훨씬 길었는데, 실제로 길이를 재어보니 두 번째 그림과 똑같은 거야. 엄마는 정말 신기했어."

아이들의 이름을 부르며, 이 이야기를 듣고 어떤 생각이 드느냐고 물었다.

9살 아이의 대답은 간결하면서도 명쾌했다.

"보이는 것이 전부가 아니다!"

이어서 부연설명을 하기 시작했다.

"엄마, 나도 그런 적 있어. 체스 배울 때 친구가 무섭게 보였는데, 같이 해보니까 아니었어. 그래서 같이 놀았어."

아이들은 어른들의 복잡한 문제를 간단하면서도 명쾌하게 풀어낼 때가 있다. 아이들의 생각하는 힘에 놀랄 때가 참 많다. 자녀로 인해서, 아이들도 부모가 된 우리 역시도 함께 크고 있음을 실감하게 된다.

자녀에게 줄 수 있는 최고의 유산은 바로 '자존감'

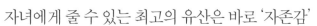

_부모와 아이가 함께 성장해가는 시간

우리는 자녀에게 무엇을 물려줄 것인가

어느 날, 아이가 질문한다.

"엄마! 엄마는 이 세상에서 누구를 가장 사랑해?"

머릿속에서는 잠시 고민을 한다. 사실을 말해야 하나, 아이가 듣고 싶어 하는 말을 해줘야 하나, 고민하다 사실을 말하기로 했다.

"응, 엄마는 엄마 자신을 가장 사랑해."

"그리고 우리 초록이와 함께 가족을 가장 사랑해."

아이의 표정이 뭔가 시무룩하다.

그리고 아이에게 묻는다.

"그러면 우리 초록이는 누구를 가장 사랑하는데?"

160

아이가 대답한다.

"나는 엄마야!"

아이를 껴안아 주며 말해준다.

"사랑은 그런 것 같아. 자신을 가장 사랑할 줄 알아야 다른 사람도 사랑할 수 있는 것 같아. 엄마는 우리 초록이가 엄마보다 자신을 더 사랑했으면 좋겠어."

시간이 흘러 아이는 이제 스스로가 먼저 이야기한다.

"엄마! 나는 나 자신을 가장 사랑해!"

아이들이 조금씩 성장해가자, 우리 부부는 아이들이 어떤 아이들로 성장하길 원하는지 서로의 생각들을 나누어 보기로 했다.

우리는 여러 가지 대화가 오가며 2가지로 요약할 수 있었다.

첫 번째는 자존감이 높은 아이, 행복을 느낄 줄 아는 아이.

두 번째는 자신의 꿈을 찾는 아이, 그 꿈을 즐길 줄 아는 아이가 그것이다.

그러기 위해서는 우리 부부가 먼저 실천해야 할 것이다. 백 마디의 말보다 눈으로 보는 것만큼 강력한 교육은 없기 때문이다.

그리고 자녀가 주인이 된 삶 속에서 부모인 우리는 손님으로서 협력자가 되기로 했다.

자녀에 대한 교육 철학을 부모가 미리 공유해 본다면, 자녀를 키워감에 있어서 부부 역시도 서로가 협력자가 되어줄 것이다.

바라보는 방향이 같기에 중심을 잡는 데에도 서로에게 버팀목이 되어주게 된다.

부모가 된 우리는 과연 자녀에게 무엇을 물려줄 수가 있을까? 잠시 생각해 보는 시간을 가져보자.

부모가 물려주려는 그 무엇이 자녀와의 소중하고 특별한 인연을 더 아름답게 연결시켜주는 행복한 끈이 되리라 믿는다.

자존감이 높은 아이로 키우는 비법

자존감이 높은 아이로 키우는 방법은 의외로 간단하다.

첫 번째로 자존감이 높은 엄마가 되면 된다. 엄마의 자존감이 높게 되면 아이 역시도 자존감이 높기 마련이다.

따라서 아이의 자존감보다 엄마의 자존감에 먼저 귀를 기울여야 한다. 나의 자존감을 높일 수 있는 방법이 무엇인지를 고민해 본다면 아이의 자존감은 자연스럽게 해결이 되게 된다.

엄마의 자존감을 돌아봤다면, 두 번째로는 자녀를 향한 시각이다. 아이를 독립된 인격체로 바라보는 것이다.

엄마와 아이가 연결되어 있던 탯줄이 잘린 순간 아이는 독립적인 인격체가 된다. 사실 그보다 앞서, 엄마의 몸속에 자리 잡은 순간부터가 이미 아이는 서로 다른 존재이다.

우리는 인격적으로 존중을 받을 때 진심 어린 사랑을 느끼게 된다. 이것은 부모와 자녀 사이 역시 마찬가지이다.

아이에 대한 존중은 서로 다른 인격체임을 인정하는 것에서부터 출발하게 된다. 자녀가 독립된 인격으로 존중이 되었을 때, 비로소 부모는 자녀의 지지자이자 격려자가 되게 된다. 자녀가 부모의 종속물이 아님을 인정하는 것이다.

여기서 가장 중요한 핵심은 바로 자녀의 삶의 주인이 부모가 아니라 자녀라는 점이다.

우리 인간에게 부여된 가장 최고의 권한은 바로 자유일 것이다. 자유란 자신의 삶에 주인이 되었을 때 비로소 가능한 일이다.

자녀의 삶 중심에 자녀가 있다면, 그 자녀는 자존감이 높을 수밖에 없다. 자신의 삶을 스스로가 리드할 수 있는 방법을 익히기 때문이다. 자녀 스스로가 디자인한 삶을 살아갈 수 있게 도와주는 것이 바로 부모로서의 가장 큰 역할이 될 것이다.

자녀는 우리의 사랑을 먹고 자란다.

우리가 표현할 수 있는 사랑을 마음껏 표현해주자. 특히 포옹을 많이 해주자. 포옹은 아이의 심장과 엄마의 심장이 맞닿는 것이다. 뜨거운 두 심장이 만나게 되면 결국 사랑을 일으키게 된다. 자녀가 어릴수록 자주 자주 껴안아주자. 돈으로는 살 수 없는 최고의 값진 선물이 되어 줄 것이다.

그리고 자녀에게 존재에 대한 칭찬을 가장 많이 해주자. 자녀가 원하는 것은 자신이 귀한 존재임을, 이 세상에 태어나 가치 있는 존재임을 다른 누구도 아닌 자신의 부모로부터 받길 간절히 원하고 있기 때문이다.

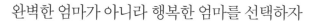
완벽할 수 없음을 인정하자

아이들을 재우기 위해 잠자리에 누워서 아이들과 끝말잇기 게임을 하거나, 수수께끼 게임을 한다. 혹은 아이들과 세계의 나라 이름 말하기나 코칭 대화를 나누기도 한다. 대화가 끝나고 마지막에는 "혹시 오늘 엄마에게 서운한 게 있었으면 이야기해줘. 꼭 오늘 일이 아니라도 좋아."라고 질문을 해본다.

그러고 나면 아이들은 자기 생각을 표현한다.

"엄마 그때, 그 일 때문에 나 조금 서운했어."

동생 역시 '나는…….'이라고 시작해서 자기 생각을 표현한다.

그것을 듣고 나면, 내가 미처 생각하지 못했던 부분을 이야기할 때가 있다. 그럴 때는 "그랬구나, 미안해.", "많이 속상했겠다.", "엄마는 몰랐었네.", "알았어, 다음부터는 엄마가 그 부분을 어떻게 해줬으면 좋겠어?"라고 질문을 해본다.

그러고 나면 아이들은 자기 생각들을 표현해낸다.

그중에서 합의점을 찾아 다음부터는 서로가 노력해보는 것으로 결론이 맺어진다. 엄마에게는 작고 사소한 일로 느낄 수가 있지만, 아이에게는 마음을 다치게 할 수도 있다. 아이의 감정을 읽어주고 나면, 아이는 자신이 존중받고 있음을 자연스럽게 느끼게 된다.

엄마가 되고 나면, 자녀에게 미안한 일들이 생긴다. 그 미안함에는 여러 가지의 이유가 있을 것이다. 부모의 입장에서는 자녀를 위해서 했던 행동이, 자녀의 입장에서는 마음을 다치기도 한다. 그럴 때 가장 좋은 방법이 바로 대화이다. 진솔한 대화는 타인의 마음을 볼 수는 거울과도 같다.

4개의 가족 찻잔이 있다. 예쁜 빛깔의 도자기로 컵과 잔이 세트로 되어져 있다. 인터넷에서 구매하기 전에 아이들을 불러, 자신이 좋아하는 색깔을 고르게 했었다. 그런데 저렴하게 샀던 그 찻잔이 우리 가족을 행복으로 이끄는 데 아주 중요한 역할을 하고 있다. 특별한 날이 아님에도 이 찻잔은 특별한 날로 만들어주는 데 많은 기여를 하고 있다.

내가 허브차를 좋아하기에 다양한 꽃차가 있다. 아이들 역시도 차를 참 좋아한다.

"엄마 차 마실 건데?"

"차 마실 분!"

아이들은 덩달아 '나도, 나도.' 하고 대답한다.

아이들은 차를 준비하고 나는 과일을 준비한다. 가끔은 과자도 곁들인다. 아빠가 함께 있을 때는 가족 모두가, 아빠가 회사에 있을 때는 아이들과 셋이서 차를 마신다.

차를 마신다는 것은 곧 대화를 의미하기도 한다.

유치원생활, 학교생활도 좋고, 엄마 아빠에게 하고 싶은 말도 좋다. 혹은 부모가 자녀에게 당부하고 싶은 말도 좋다. 무슨 이야기든 상관없다. 중요한 것은 그 자리가 불편한 자리가 아니라 모두에게 편안한 자리면 되는 것이다.

특별한 날도 좋고, 꼭 무슨 날이 아니어도 좋다. 우리의 일상에 특별함을 부여하면 특별한 날이 되는 것이다. 모든 것은 우리가 마음먹기에 달려 있다. 부모 역시도 실수하고, 그 실수를 인정해 나갈 때 아이들도 역시 배우게 될 것이다. 인간은 완벽할 수 없음을 말이다.

엄마가 행복해야 아이도 행복하다

우리는 엄마가 되고 나면, 아이들을 어떻게 하면 행복하게 키울 수 있을까에 대해서 고민하게 된다. 그러면서 대부분을 자녀의 기준으로 초점을 맞추게 된다. 결국 자녀에게 최선을 다하며 완벽한 엄마를 꿈꾸게 되는 것이다. 그런데 여기서 중요한 핵심이 있다. 아이가 행복하려면 엄마가 먼저 행복해야 한다는 사실이다.

엄마의 행복을 뒤로 미룬 채, 아이의 행복에만 초점을 맞춘다면 아이도 엄마도 결코 만족할 수가 없다.

내 어린 시절을 떠올려보면 내가 가장 행복했던 순간은 바로 엄마가 행복한 표정을 짓고 있을 때였다.

우리가 아이였을 때를 생각해보자. 과연 그때의 어린 나는 어떤 순간에 가장 큰 행복감을 느꼈었는지 말이다.

아이는 엄마가 가져야 할 행복을 자신으로 인해서 엄마가 희생하는 것을 원치 않는다. 자신의 엄마 역시도 엄마의 삶을 살아가길 원한다. 그러기 위해서 우리가 첫 번째로 해야 할 일은 바로 아이가 해야 할 일과 엄마가 해줄 수 있는 일을 구분 짓는 일이다. 물론 아이들과 협의를 통해서 말이다. 단 서로에게 도움을 청하는 것은 언제나 열려 있게 하자.

구분이 되어 있지 않으면 어떤 현상이 일어날까?

아이는 엄마가 해주는 역할을 당연하게 생각을 하게 된다. 그것은 엄마 역시도 마찬가지이다. 엄마가 아이를 위해 이 정도는 했으니 아이 역시도 이 정도는 해줘야 하는 것으로 당연시 받아들이게 된다.

세상에서 당연한 것은 없다. 당연하다고 생각하는 오류가 우리의 삶에 대부분의 화를 차지하게 된다. 당연함 속에서는 결코 행복을 느낄 수가 없다. 서로의 역할을 구분 짓고, 서로의 할 일을 도와주었다면 어떤 현상이 일어날까? 감사함을 느끼게 된다. 아이는 엄마가 도와줘서 고맙고, 엄마 역시도 아이가 도와주어서 고마운 것이다. 이 고마움이 모였을 때 엄마와 아이는 더욱 더 행복해질 수가 있다.

"엄마!"

"오늘은 엄마가 우리 방 청소 좀 해주면 안 될까?"

"힘들어?"

"응."

"오케이!"

"그럼 오늘은 엄마가 해줄게."

"응. 고마워."

아이들 방 청소를 다 해주고 나니, 초록이가 말한다.

"엄마!"

"우리 방 대신 청소해 줘서 고마워!"

"응, 알았어!"

엄마와 아이의 역할이 구분되었다면 이제는 두 번째로 엄마가 행복해지는 요소를 찾는 것이다. 가족을 잠시 내려놓고 순수하게 자신이 행복함을 느끼는 때가 언제인지 말이다.

자녀를 통한 엄마의 행복감이 전체가 아니라, 자녀를 빼고 순수 자신에게서 느끼는 행복감을 찾아보는 것이다.

엄마가 혼자서도 자유로움과 행복감을 느낄 수가 있을 때, 가족의 행복은 모두가 배가 된다. 자녀가 원하는 것 역시 엄마의 행복이 먼저라고 생각한다. 만약 자신이 자녀에게 모든 것을 희생하고 있다고 느껴진다면, 엄마 자신을 되돌아보길 바란다. 희생은 자신도 모르게 보상을 요구하게 되기 때문이다. 엄마로서가 아닌 자신으로서 온전한 행복을 느낄 수가 있을 때 가족은 우리에게 축복의 선물이 된다.

기저귀 간 게 엊그제 같은데, 아이들은 훌쩍 자라 있었다

아이들은 장난감으로 요리를 만들고 있었다.

무엇을 만들고 있느냐고 물으니, 비빔밥을 만드는 데 계란 프라이를 하고 있다고 했다.

손에는 아주 작은 장난감용 프라이팬이었다. 그리고 밥은 공기놀이용 공기들이 밥알이었다.

"진짜로 된 프라이팬이 없을까?"

우리는 함께 찾아보았다. 마침, 버려야 할 안 쓰는 프라이팬이 보였다.

"거기에 조리도구도 필요할 것 같은데?"

자주 안 쓰는 국자도 보였다. 아이들에게 안 쓰는 숟가락, 젓가락과 함께 필요한 진짜 조리도구를 챙겨주었다.

그랬더니, 아이들은 환호성을 지른다. 진짜 요리하는 것 같은 기분이라고 말이다.

며칠 동안 열심히 요리 놀이를 하더니, 아이들은 요리할 때마다 함께 하고 싶어 했다. 그래서 진짜 계란말이를 함께 만들어보기로 했다.

아이들의 얼굴에는 미소가 한가득하다.

아이들은 진짜로 계란을 깨보는 것도 신기해하고, 특히 야채 썰기를 참 좋아했다. 야채를 써는 것은 손을 다칠 수도 있으니, 누나인 초록이가 맡았다.

그리고 대박이는 젓는 것을 담당하겠다고 했다. 둘이 알아서 역할 분배가 되었다.

누나가 야채를 썰어주면, 대박이는 열심히 저었다.

그리고 진짜 프라이팬으로 계란 요리가 완성되었다.

이제는 맛을 볼 시간! 아이들과 함께 맛을 보았다.

맛있게 잘되었다.

아이들은 자신들이 만든 요리를 잘 먹었다. 좋아하지 않은 채소가 들어가더라도 직접 만든 것이기에 잘 먹었다.

그날을 계기로 아이들은 엄마와 함께 요리를 한다. 야채를 써는

것은 아이들이 도와준다. 그리고 대박이가 썰어보고 싶다고 할 때
는, 잘 안 드는 과일 칼로 썰게 해준다. 삶은 메추리알 까는 것은 아
이들의 몫이다.

그러던 어느 날, 책을 보고 있는 엄마에게 음식 주문을 하라고
한다.

대박이가 주문을 받았다.

"무슨 요리해드릴까요?"

"음, 과일 샐러드요!"

"여기 과일 샐러드, 한 개요!"

누나에게 우렁차게 외친다. 그러더니, 주문한 과일 샐러드가 나왔
다고 한다.

그리고는 접시에 여러 가지 과일을 예쁘게 잘라 맨 위에는 콘 후
레이크가 살짝 얹혀 있었다.

순간 깜짝 놀랐다.

너무나 예쁜 모양으로 과일 샐러드가 완성되어 있었다.

"언제 이렇게 큰 거지??"

"기저귀 갈았을 때가 엊그제 같은데……."

그날 이후 나는 아이들에게 가끔 요리를 주문한다. 그럴 때마다
아이들은 신이 난다.

아이들은 우리들의 생각보다 훨씬 빠른 속도로 성장하고 있었다.
마냥 개구쟁이 어린아이 같으면서도 몸과 마음이 훌쩍 자라 있었다.

시간이 흐르면 아이들은 엄마가 된 우리의 키를 훌쩍 뛰어넘을 것이다. 그리고 우리는 아이들을 아래에서 위로 쳐다봐야 할 것이다.

시간의 흐름은 막을 수가 없다. 시냇가의 시냇물은 아래로 계속해서 흘러가게 된다. 시간의 흐름은 막을 수가 없지만 우리는 그 안에서 행복을 선택할 수는 있다. 그 선택의 자유는 바로 우리에게 있기 때문이다. 완벽한 엄마가 아니라 행복한 엄마를 선택해보자.

가장 아름다운 리더십, 엄마 리더십

_부모와 아이가 함께 성장해가는 시간

가정 역시 조직의 집단이다

대학 졸업 후, 통신사에서 첫 직장생활이 시작되었다. 새롭게 생긴 신설 부서이다 보니, 모든 업무의 프로세스를 새롭게 구축해야 했다. 업무와 연결된 담당자들을 통해서 업무를 파악하는 것부터 시작했다. 알게 된 지식은 문서화해나가기 시작했다.

무언가 새로운 지식을 접하게 되면 팀원들과 함께 공유하는 것을 좋아했다. 한 업무를 8년간 지속해서 하다 보니 어느새 그 업무에 전문가가 되어 있었다.

두 번의 스카우트 제의를 받게 되고, 동일한 업무를 계속 확장해가다 보니 어느덧 12명의 팀원이 형성되었다.

리더를 맡게 되면서부터 리더십에 관련된 공부를 계속했었다. 책과 포럼 등 20대였던 그 당시 경영학의 대부로 불리는 '피터 드러커'라는 분을 그때 처음 알게 되었다. 외국 기업의 CEO들 사례를 통해서 어떻게 하면 우리 팀에 적용해 볼 수 있을까? 여러 가지 시도를 했던 기억이 난다.

그런데 회사에서 발휘했던 그 리더십이 가정에서도 너무나 유사하다는 사실이다.

먼저 리더는 팀원 한 사람 한 사람을 존중하며, 팀원들의 역량을 최대한 끌어내야 한다. 가정에서의 팀원은 바로 우리들의 소중한 자녀들이다. 자녀들의 핵심역량이 잘 발휘될 수 있도록 이끌어 주는 것이다. 그러기 위해서 가장 필요한 것은 바로 조직의 환경이다. 즉 가정의 환경이다.

역량을 이끄는 데 가장 좋은 환경은 바로 마음이 편안한 환경이다. 지시와 통제가 아니라 존중과 격려의 공간이 되어야 한다.

자녀를 대할 때 역시, 부드러운 어조로 명령이 아닌 부탁을 하는 것이 좋다. 부탁은 자발적으로 하게 하는 힘이 있지만, 명령은 그러질 못한다. 부탁을 받게 되면 존중의 느낌을 받을 수가 있지만, 명령을 받게 되면 더 하기 싫어지는 것이 바로 인간의 본성일 것이다. 그것은 부모인 우리 역시도 마찬가지이다.

아이들은 우유를 쏟기도 하고, 그릇을 깨기도 하고, 실수를 가장 많이 하는 시기이다. 실수를 하고 난 아이는 스스로가 직감적으로 잘 알고 있다. 자신이 혼날 일을 했음을 말이다. 그러나 이때, 혼을 내기보다는 실수한 자녀가 다친 곳은 없는지 먼저 물어봐주고, 자녀의 감정을 토닥인 후 실수는 누구나 할 수 있는 것임을 알려줘 보자. 그리고 다음부터는 조금 더 조심해 보자라고 타이르게 되면, 아이는 아이의 감정을 이해받아서 좋고, 다음부터는 실수하는 일이 점점 줄어들게 된다.

편안한 환경에서 적절한 칭찬과 동기부여가 더해지게 되면 자녀는 자신의 역량을 최대한 끌어내게 된다.

부모의 포용력이 자녀의 날개를 활짝 펴게 만든다.

엄마에게는 엄마만이 가진 특별한 '모성애'라는 것이 있다. 그 모성애를 적용해서 부드러운 엄마만의 리더십을 가정에 적용해 본다면, 자녀는 자연스럽게 부모를 따르게 된다. 그리고 자신의 부모 역시도 완벽한 사람이 아닌, 실수도 하고 배워나가는 존재임을 인식하게 된다. 부모가 완벽하지 않음을 이해하게 된다.

부모가 완벽한 존재로 자녀가 받아들이게 되면, 자녀는 성장해 가며, 자신의 완벽할 수 없음에 상처를 입기도 할 것이다. 그러나 부모 역시도 불완전한 존재임을 자녀에게 알려주고 노력해 가는 모습을 보여준다면 부모와 함께 자녀는 더욱더 성숙해 가는 모습을 보이게 될 것이다.

가정은 가장 최소 단위의 가장 아름다운 집단이다. 그 역할에 중심에는 엄마의 부드러운 리더십이 존재하게 된다.

칭찬 스티커와 가족 규칙 만들기

자녀가 어릴 때는 부모의 말에 바로 행동으로 옮기지 않는다. 그것은 지극히 정상이다. 부모의 말 한마디에 바로 실천을 한다면 오히려 문제 있는 행동일 수가 있다.

아이들은 우리의 말을 바로 듣지 않는다. 적어도 똑같은 말을 5번 이상은 반복해야 겨우 들을까 말까이다.

똑같은 말을 여러 번 반복하게 되면 말하는 사람이나 듣는 사람이나 힘들기는 마찬가지이다. 이 문제를 어떻게 해결하는 것이 좋을까 하고 생각한 것이 바로 가족 규칙 만들기였다.

아이들과 함께 우리 가족만의 규칙을 함께 만들어 봤다. 다만 이 규칙은 모두가 다 만족할 수 있게 만들어야 한다. 강요나 강제사항 은 전혀 없어야 했다.

규칙이 완성되자 컴퓨터로 문서를 만들어 프린트한 후 벽 곳곳에 붙여놓았다.

아이들은 과연 규칙대로 잘 행동할까? 물론 아니다. 아닌 것이 정상이다. 다만 아이들을 설득하기에는 좀 더 수월했다. 왜냐하면 규칙은 아이들과 함께 만들었고, 자신이 해야 함을 알고 있기 때문이다. 이에 대한 보조 수단이 필요했다. 그것이 바로 칭찬 스티커였다.

문구점에서 파는 칭찬 스티커가 아니라 10칸짜리 받아쓰기 노트한 장씩을 잘라서 아이들 방 침대에 붙여놓는다. 붙이는 것 역시 아이들이 신이 나서 했다. 스스로 자신의 방, 정리 정돈을 했다거나, 양치했다거나, 스스로 샤워를 했거나, 숙제를 마쳤거나, 친구들을 새로 사귀었거나, 친구들과 재미있게 놀았거나, 싫어하는 채소가 든 반찬도 골고루 잘 먹었거나, 부모가 해야 할 일을 도와줬거나 그때그때의 상황에 맞게 칭찬할 수 있는 모든 것들이 칭찬 스티커 대상이 되었다.

그러자 아이들은 집에서나 유치원, 학교를 다녀온 후 스스로가 칭찬 스티커를 받아야 할 이유를 자연스럽게 이야기하고 있었다. 그러고 나면 부모는 아이의 행동에 칭찬을 해주고 칭찬 스티커는 스스로가 채워나갔다.

가정에서뿐만 아니라 사회생활을 적응해 나가는 데에도 큰 도움이 된 것 같다. 칭찬 스티커는 붙이는 스티커를 활용하지 않고 아이들이 자신이 좋아하는 색깔의 색연필로 네모 칸을 웃는 얼굴로 표시해 나갔다. 그리고 중간 곳곳에 이벤트 칸을 마련해 두었다. 그 칸은 자녀가 부모와 함께 하고 싶은 놀이가 적혀 있다.

예를 들면 아빠와 함께 동화책 2권 읽기, 아빠가 목말 태워주기, 아빠와 인라인 타기, 엄마가 뽀뽀 10번 해주기, 엄마와 숨바꼭질하기, 엄마와 그림 그리기 등 자신이 부모와 하고 싶은 놀이를 적는 것이다.

'이제 두 칸만 채우면 아빠와 놀이해야 해!'라며 아이들은 신이 난다. 110개의 전체 칸을 채우게 되면 아이들의 소원 들어주기 마지막 코스다.

처음에는 자신이 가장 좋아하는 장난감을 산다거나, 비행기를 타고 여행을 가고 싶다거나 하는 것들이었다. 그런데 칭찬 스티커를 칭찬 하나에 하나씩이 아니라 여러 개를 하다 보니 모든 칸이 금세 채워졌다.

빈번하게 일어나는 일을 물질적으로 보상하기에는 아이를 위해서도 부모를 위해서도 어려움이 있었다. 그래서 마지막 소원 들어주기는 돈을 이용해서 물건을 산다거나 해외여행이 아닌, 놀이로 바꾸기로 했다. 엄마 아빠와 가까운 공원에서 1시간 놀기 등 말이다.

칭찬 스티커의 효과로 첫 번째는 부모가 화를 내거나, 에너지를 소모하는 일을 현저하게 줄인다.

두 번째는 아이들과 놀이를 통해서 소통이 일어난다. 놀이시간이 부족한 부모라면 칭찬 스티커를 활용해서 주말에 함께 놀아주는 것도 하나의 대안이 될 수 있을 것이다.

칭찬 스티커를 통해서 느낀 것은 아이들은 부모와 함께 노는 것을 최고의 선물로 여겼다. 아이들은 부모와의 놀이를 참 좋아한다는 것이다.

아이가 처음으로 말했던 첫 문장은 아직도 생생하다.

첫 문장은 바로 '엄마, 같이 놀자.'였다.

"뭐라고? 방금 뭐라고 했어?"

"다시 한번 말해봐!"

"엄마, 같이 놀자."

그리하여 아이와 함께 공놀이를 했던 기억이 난다.

아이들은 어느새 훌쩍 성장할 것이다. 아이들이 놀이를 원하는 나이였을 때 되도록 많은 시간을 함께하자. 부모와 함께한 놀이의 시간이 아이에게는 최고의 멋진 기억이 되어 줄 것이다.

엄마의 소리가 잔소리가 되지 않으려면

가족이 함께하는 청소가 시작되었다.

아이들은 저마다 자신이 해야 할 청소구역을 열심히 하고 있었다.

나는 건조기에서 나온 옷을 개는 중이었다.

개다 보니, 아이들의 옷들이 하나같이 뒤집어져 있었다.

그때, 마침 아이들은 자신들의 청소가 다 끝났다며 엄마에게로 왔다.

"엄마! 우리가 빨래 개는 거 도와줄까?"

"응, 그래 고마워."

"거기 보면, 너희들 옷들이 모두 뒤집어져 있어, 그것만 좀 제대로 해줘. 부탁해……."

"응, 알았어!"

아이들은 뒤집어진 옷을 열심히 원래 위치로 하고 있었다.

나 역시도 옷을 바르게 해주니, 옷을 개는 데 참 수월했다.

"너희들이 도와주니까 엄마가 너~~~무 좋다."

"얘들아, 고마워!"

아이들은 각자 자신의 개어진 옷을 옷장 속에 넣었다.

그리고 다음 날이 되었다.

옷을 개려는데 이번에도 아이들의 옷은 하나같이 뒤집어져 있었다.

아이들을 불러서 도움을 청했다.

"얘들아! 옷이 또 다들 뒤집어져 있어."

"옷들이 원래대로 해달라고 노래 부르고 있어!"

"도와줘야 할 것 같아."

"응, 알았어. 우리가 원래대로 해줄게!"

그리고는 열심히 뒤집어진 옷을 손을 끼워 원래대로 하고 있었다.

한참을 하고 나더니, 큰아이가 말을 한다.

"엄마, 팔 아프다."

"옷이 거꾸로 되어 있으니까 원래대로 하기가 너무 힘들다."

"그치? 그러니까 처음부터 옷을 뒤집어서 벗지 않았다면 이렇게 힘들 필요는 없을 텐데."

"다음부터는 옷을 어떻게 벗으면 좋을까?"

"제대로 벗는 게 좋겠어."

"응, 그래. 고마워……."

그 이후 어떻게 되었을까? 똑같다. 여전히 아이들의 옷은 뒤집어 져 있다. 그러나 아이들 스스로가 깨달은 것만으로도 감사했다.

몸에 배인 습관을 하루아침에 바꾼다는 것은 우리 어른들에게도 쉽지 않은 일이다. 다만 엄마가 뒤집어진 옷을 다음번에도 부탁했을 때, 적어도 아이들은 엄마의 소리가 잔소리라고 생각하지 않게 될 것이다.

잔소리란 말하는 입장에서는 아주 중요한 말이다. 그런데 듣는 입 장에서는 중요하지 않은 매일 똑같은 가벼운 말로 들린다는 것이 다. 이 서로의 간극을 어떻게 줄이면 좋을까?

만약 아이들로부터 엄마가 똑같은 말에 지쳐 있다면, 원래의 방법 을 바꿔보면 어떨까? 아이에게도 좋고 엄마에게도 좋은 것이 무엇 이 있을까 하고 말이다.

서로가 WIN-WIN 할 수 있는 대안을 아이와 함께 찾아보는 것이 다. 바로 아이들과 부드러운 협상을 해보는 것이다.

그 후 며칠이 지났다.

역시나 평상시처럼 옷을 개고 있었다.

초록이가 다가와서 말했다.

"엄마! 이제 옷 개는 거 힘들지 않지?"

"응, 괜찮아."

그런데 자세히 보니 옷이 뒤집어져 있지 않았다.

더 살펴보니, 초록이 옷은 모두 바르게, 대박이 옷만 뒤집어져 있었다.

"초록아!"

"이제 옷 제대로 벗는 거야??"

"응, 이제 제대로 벗고 있어."

"와우!"

"고마워!"

우리는 서로 하이파이브를 했다.

아이의 얼굴에는 미소가 번져 있었다.

명령이나 통제의 말이 아닌, 부탁이나 엄마의 마음을 보여주는 말을 했을 때, 아이들의 마음은 움직이게 된다. 엄마의 말이 잔소리로 여겨지기에는 엄마인 우리가 너무나 소중하다.

층간 소음에 대한 아이들의 생각

"심장은 참 좋겠다."

"왜?"

"심장은 안에서나 바깥에서나 마음껏 뛰어놀 수가 있잖아."

"근데 초록이는 못 뛰어놀아?"

"우리는 집에서 뛰면 혼나잖아!"

그렇다. 아이들이 혼나는 일 중의 하나가 집에서 뛰는 것이었다. 그럴 때마다 참 안타까웠다. 아이들이 뛰는 것이 과연 혼날 일일까?

아이들에게 아파트에 관해서 설명해야 했다.

"얘들아! 아파트는 공동주택이야. 함께 사는 곳이지."

"그래서 함께 살아가는 데는 서로가 에티켓이 필요한 거야."

"만약에 쿵쾅쿵쾅 뛰게 되면 아래층은 어떨까?"

"엄청 시끄럽겠지?"

"아래층에서는 건물이 무너지는 것 같대."

아이들은 건물이 무너지는 느낌을 잘 이해를 못 했다.

"자! 그러면 우리 집 위층에서 쿵쾅쿵쾅 뛴다고 생각을 해보자."

"엄청 시끄럽겠지??"

대박이가 대답한다.

"아니, 신나겠는데?"

"신이 난다구?"

"만약 잠을 자고 있는데, 시끄러운 소리가 나면 기분이 안 좋잖아."

"아니야, 같이 뛰어놀면 되잖아. 재미있을 것 같아!"

아이들에게 층간소음을 이해시키기란 어려운 일이었다. 아이들의 뛰는 것을 막는다는 것은 날아다니는 새에게 걸어가라고 하는 격인지도 모른다. 아이들의 세계에서는 말이다. 그래서 되도록 밖으로 아이들을 데리고 다녔다. 되도록 피해를 덜 주려고 말이다.

또한 명절이 되면 항상 과일을 챙겨드렸다. 그런데도 죄송스러운 마음은 여전히 크다.

그런데 초록이가 층간소음을 해결할 수 있는 좋은 방법이 있다고 했다.

"뭔데?"

"아파트 바닥을 고무로 만드는 거야!"

"그러면 트램펄린(아이들이 뛰어놀 수 있는 기구)처럼 마음껏 뛰어 놀 수가 있잖아!"

"와우!"

아이들의 인공지능에 대한 이해

"얘들아!"

"이제는 4차 산업혁명 시대가 오고 있어!"

"앞으로는 로봇이 사람을 대신해서 많은 일을 하게 될 거야!"

"우리 로봇이 대신해줬으면 하는 것들에 관해서 얘기해볼까?"

"좋아, 좋아!"

아이들은 자신들의 생각을 표현해낸다.

"나는 숙제자판기 로봇이 있었으면 좋겠어!"

"숙제자판기 로봇??"

"그게 뭔데??"

"응, 로봇 몸에 학교에서 배우는 모든 교과서 버튼이 있는 거야."

"거기서 국어 교과서 버튼을 누르면 국어 문제가 다 풀어져 있는 거지!"

"그리고 또?"

"방 정리를 해주는 로봇이 있었으면 좋겠어!"

"아침에 로봇이 잠을 깨워주고, 만약에 안 일어나면 물을 뿌려주는 거야~!"

"책을 읽어주는 로봇이 있었으면 좋겠어."

"몇 페이지 읽어줘 하고 말하면 알아서 읽어 주는 거야!"

"도서관에서 책을 찾아주는 로봇도 있었으면 좋겠어."

"그리고, 이것은 로봇은 아닌데 도둑이 차를 못 가져가게 차 키 말고, 지문으로 자동차 문을 열면 어때?"

"그러면 문을 못 여니까 못 가져가잖아!"

엄마! 하늘에서 레이저가 발사되고 있어

아이들이 놀이터에 간다며 옷을 챙겨 입고 나갔다.

그런데 금방 들어왔다.

"엄마! 우리가 왜 이렇게 일찍 들어온 줄 알아?"

"왜?"

"응, 하늘에서 레이저가 발사됐거든!"

"레이저?"

"무슨 얘기야??"

대박이가 말한다.

"응, 하늘에서 비가 내리고 있다구!"

아이들과 대화를 나누다 보면 아이들의 생각은 언제나 열려 있다는 것이다. 그 이유는 바로 어른과는 다르게 사고의 틀이 많지 않기 때문이다.

사고의 틀은 창문을 의미하기도 한다.

어른들은 살아가며 마음속에 조그마한 창문을 하나씩 하나씩 만들어간다. 어떤 창문은 이중창문으로 되어 있기도 하다. 그 창문이 두꺼울수록, 혹은 많을수록 관리하기 어려운 것은 우리 자신이다. 그리고 그 창문을 열어놓지 않으면 그 창문은 언제나 닫혀 있게 된다.

닫힌 공간은 공기가 신선하지가 않다. 우리들의 마음속에 여러 개의 창문을 달 필요가 있을까? 우리들의 마음의 공간은 제한되어 있다. 그 제한된 공간 속에서 창문을 여러 개 달기 위해서는 창문의 크기를 작게 할 수밖에 없다.

우리는 마음 안에 몇 개의 창문을 갖고 있을까? 그 창문이 50개라고 가정해보자. 문을 열고 닫는 데만도 너무나 번거롭다.

비가 내리면 어떨까? 내 마음에 비를 젖지 않으려고 그 수많은 창문을 닫아야 한다. 그리고 날씨가 화창한 날엔 그 수많은 창문을 모두 열어야 한다.

마음속에 있는 창문들을 보수 공사해서 창문의 수를 줄여보자. 줄여나갈수록 자유로움을 느끼게 될 것이다. 그 이유는 바로 자신이 정해놓은 규칙 속에서 자신을 놓아줬기 때문이다.

아이들의 마음속에는 거대한 창문이 하나밖에 없다. 그리고 항상 열려져 있다.

열려져 있는 거대한 창문에 작은 창문을 달 이유가 없다. 그래서 아이들의 생각은 말랑말랑하고 유연하다. 아이들과 함께 하기에 우리들의 세상이 조금 더 달콤한 맛이 난다.

자녀의 꿈에 대한 우리들의 자세

아이를 유치원에 데려다주고 오는 길이었다. 은행나무가 눈이 부실 정도로 곱게 물이 들어 있었다. 주변을 돌아보니 단감나무도 주황색으로 옷을 갈아입고 어여쁜 열매가 매달려 있었다.

가을이 되니 분주하게 자신들의 존재감을 아름답고 화려하게 드러내고 있었다.

우리는 나무의 열매가 열리기 전까지는 사실 그 나무가 어떤 나무인지 구분하기가 어려울 때가 많다. 벚꽃이나 아카시아는 어떨까? 꽃이나 향기로서 벚꽃이었음을, 아카시아였음을 알게 된다. 비로소 자신만의 꽃이나 열매를 맺었을 때 우리는 그 나무의 정체성을 알게 된다.

자녀의 꿈에 대한 우리의 자세는 어떨까?

아이였던 자녀는 점차 성장해 나갈 것이다. 아이는 공부에 재능을 보일 수도 있고 아닐 수도 있다. 공부에 재능이 없다면 분명 다른 재능이 있기 마련이다.

자녀는 스스로가 되고 싶어 하는 꿈들이 존재한다. 그 소중한 꿈을 있는 그대로 믿어 줄 수 있는 부모가 되길 원한다.

꿈이란 보이지 않는 것을 믿어주는 것이다. 아직 열매를 맺지 않아도, 꽃이 피지 않아도 말이다.

모든 만물은 자연의 이치대로 때가 되면 꽃이 피고, 열매를 맺듯 우리의 소중한 자녀 역시도 꽃과 열매를 결국 맺게 된다.

자녀가 아이였을 때는 자녀의 꿈에 대해 모든 것을 이룰 수 있을 것이라 우리는 믿게 된다. 그러나 자녀가 점점 성장해 감에 따라 자녀의 믿음에서 조금씩 벗어나기도 한다. 부모가 생각하는 지표가 따로 있기 때문이다.

그러나 자녀는 어린아이였을 때나 학생이었을 때나 똑같다. 다만 자녀의 행동이 바뀐 게 아니라 부모의 생각이 바뀌었을 뿐이다. 아이를 바라보는 지금의 긍정적인 관점을 학생이 되고, 어른이 되어서도 끝까지 믿어줄 수 있는 부모가 되어주자.

2016년 세계 경제 포럼에서는 '초등학생의 65%는 현재 존재하지 않는 직업을 갖게 될 것'이라고 발표했다. 부모가 알고 있는 직업군 안에서 아이의 미래가 결정되는 것이 아니라 아이 스스로가 꿈을 향해 나아갈 수 있도록 지지자가 되어주자.

에디슨의 말을 잠시 빌려본다.

"부모가 아이의 마음속에 열정을 심어줄 수 있다면 그것은 최고의 유산이 될 것이다. 그런 아이는 넘치는 에너지를 가지고 세상을 헤쳐 나갈 수 있으니까 말이다."

아이들은 부모의 믿음만큼 성장한다. 부모의 믿음이 결국 자녀의 열정에 작은 불씨가 되어주게 된다. 자녀의 마음속의 그 작은 불씨는 점점 더 강력한 빛을 발하게 될 것이다.

세상에서 단 한 사람이라도 자신의 소중한 꿈을 믿어주는 사람이 있다면 그 사람은 참으로 행복할 것이다. 그 한 사람이 바로 부모가 되어준다면 그 자녀는 결국 자신의 꿈을 이루게 될 것이다. 그리고 그 꿈이 자녀를 행복으로 인도하게 될 것이다.

자녀의 감정 코치가 되어보자

감정 코칭의 사전적 의미를 살펴보면 감정 문제를 인식하고 그 상황을 이용해서 아이에게 올바른 감정발산법과 표현법을 가르치는 것이다. 그리고 스스로 문제를 해결해 나갈 수 있도록 도와주는 과정이다.

특히 유아기의 경우는 자녀의 감정을 공감해주는 감정 코치가 필요하다. 자녀의 감정을 헤아리기 위해 가장 기본이 되는 것이 바로 경청이다.

우리가 가장 존중받고 있다고 느끼는 순간은 나의 말을 상대방이 경청하고 있다고 여겨지는 때이다. 우리의 말을 듣는 도중 다른 행동을 한다든지, 말의 허리를 자른다든지, 더 말할 수 없게 단호한 말로 통제를 하게 되면, 우리는 상대로부터 존중받지 못한다고 느끼게 된다. 경청이 곧 존중을 의미하기 때문이다.

그렇다면 경청에서 가장 중요한 요소는 무엇일까? 바로 공감이다. 특히 감정에 대한 공감이다. 공감을 잘하기 위해서는 먼저 잘 들어야 한다.

우리가 국어시험 봤던 때를 생각해보자. 답을 체크하기 위해서는 본문의 내용을 자세하게 집중해서 읽고 파악해야만 가능한 일이다.

자녀가 대화를 원할 때는 기본적으로 자신이 하던 일을 멈추고 자녀의 눈과 몸짓과 표정을 바라보며 자녀의 이야기에 귀 기울여야 한다. 자녀의 말에 맞장구도 좋고, 고개를 끄덕여도 좋고, 감정을 공감해주는 말도 좋다. 자녀의 말을 귀담아 잘 듣고 있음을 신호로 알려주면 되는 것이다. 자신의 감정이 이해받고 존중되었다고 느껴지게 되면 자녀는 마음의 평온을 얻게 된다. 자녀 존중의 비밀은 바로 경청과 공감이다.

자녀의 감정 읽기가 끝났다면 이제는 코칭 대화를 해보는 것이다.

코칭 대화의 기본은 코치가 답을 알려주지 않는다는 것이다. 자녀 스스로가 답을 찾아 갈수 있도록 적절한 질문을 해주는 것이다. 자녀는 그 질문을 통해서 문제를 다각도로 보게 되고 사고를 점차적으로 확대해 갈 것이다.

부모의 코칭 질문은 자녀가 스스로 생각하고 판단할 수 있는 독립적인 사고를 기르는 데 도움이 된다.

옳고 그름의 문제를 부모가 판단해서 말하기보다는 자녀와의 질문을 통해서 자녀 스스로가 찾아 나갈 수 있게 길을 열어주는 것이다. 그렇게 되면 자녀의 마음 근육은 더욱더 단단해지게 된다.

감정 코치의 최고의 대상은 바로 부모이다. 부모의 감정을 자유롭게 표현하고, 스스로가 통제하는 모습은, 자녀가 감정표현을 하는 데에도 본보기가 된다. 자신도 모르게 감정표현법을 몸으로 체득하고 있기 때문이다.

감정을 읽는 데 가장 중요한 경청과 공감을 생활화하다 보면, 부모와 자녀가 감정으로 인한 문제가 생겼을 때 지혜롭게 잘 극복해 나갈 수 있을 것이다.

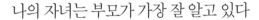

내 아이의 속도가 가장 정확한 속도이다

어느 날 5살 된 대박이가 질문한다.

"엄마, 구름은 날개가 없는데 어떻게 하늘에 떠 있어?"

'우아, 정말 그러네!' 하고는 아이의 이름을 부르며, 네 생각은 어떠냐고 다시 질문한다. 그러고 나면 아이 스스로가 자기 생각을 놀랍게 표현한다.

"아, 알겠다. 엄마! 구름은 엄청 가볍잖아. 그래서 하늘에 떠 있는 거야."

엄마는 대답한다.

"그렇구나, 정말 그렇겠다. 구름은 가볍지, 그래서 떠 있는 거구나

……."

그렇다면 구름은 왜 가벼울까? 다시 엄마가 질문한다.

그러면 아이는 다시 답을 찾느라 골똘히 생각한다.

그리고는 아이가 대답한다.

"엄마, 잘 모르겠다. 왜 가벼운 거지?"

아이들의 폭풍 질문이 시작되었다.

"엄마!, 차는 우리가 어디 있는지 어떻게 알아?"

(운전하고 있는데, 내비게이션의 원리가 궁금했던 것이다.)

"엄마! 꽃은 계절을 어떻게 알아?"

"엄마! 참새는 전깃줄에 앉아 있는데 왜 감전이 안 돼?"

"엄마! 색연필을 어떻게 만들어?"

"엄마! 나무로 종이를 어떻게 만들어?"

"엄마! 새 둥지는 왜 안 떨어져?"

"엄마! 사람은 왜 날 수가 없어?"

"엄마! 아파트는 어떻게 만들어?"

"엄마! 달은 왜 안 떨어져?"

"엄마! 소나무 색깔은 왜 안 변해?"

"엄마! 나라(국가)는 어떻게 만들어졌어?"

"엄마! 왜 태양은 뜨거워?"

"엄마! 지구의 무게는 얼마야?"

"엄마! 지구는 무거운데 왜 안 떨어져?"

"엄마! 우리의 피부는 뜨거운 것과 차가운 것을 어떻게 알아?"

"엄마! 공룡들은 왜 사라졌어?"

"엄마! 숫자 중에서 가장 큰 수가 뭐야?"

"엄마! 별들은 왜 하늘에서 안 떨어져?"

"엄마! 별들은 왜 반짝반짝 빛이 나는 거야?"

"엄마! 우리가 벨을 누르면 어떻게 알고 오는 거야?"

(식당에서 주문할 때 점원이 찾아오는 게 신기한 모양이다.)

"엄마! 화석은 어디에서 많이 발견돼?"

"엄마! 바람이 부는 이유가 뭐야? 혹시 자전작용?"

결국 원리 과학 동화 전집을 사서, 우리는 질문에 대해서 하나씩 하나씩 풀어나가기 시작했다. 답을 알려주면서 끝내기보다는 스스로가 이해할 수 있도록 힌트만 줄 뿐이었다. 모르는 것은 책과 인터넷, 도서관을 통해서 함께 찾아 나갔다.

첫째 아이의 경우는 4살 때 한글을 깨우쳤다. 자음과 모음을 알려주니, 어느 날 젠가라는 블록으로 가나다라부터 마지막 글자 모양까지 바닥에 완성한 것을 보고 놀라웠다.

길가의 간판이나 마트에 가면 물건에 찍혀 있는 글자를 보며, 아는 글자가 나오면 말하곤 했었다. 동화책을 읽어주면 그 동화책의 글자를 토씨 하나 틀리지 않고 외워서 읽는 것 아닌가? 이럴 때 아이들은 엄마를 놀라게 한다. 많은 엄마가 경험했을 것이다. 혹시 우리 아이 천재?

둘째 아이 역시 한글을 쉽게 뗄 것이라고 생각했었다. 그래서 5살 때부터 알려주기 시작했다. 그런데 도무지 글자에 관심이 없었다. 글자를 알려 주기 위해 다른 여러 가지 방법으로 시도해 보았다. 남편 역시도 아이가 글자를 빨리 떼길 원했다. 그러나 둘째 아이는 사물이나 과학, 언어에 대한 전반적인 폭풍 질문이 쏟아졌다. 아이는 대화를 할 때 책을 보거나 모르는 단어가 나오면 꼭 단어의 뜻을 물어봤다.

그리고는 질문이 유독 많았다. 과학도서 한 권을 읽어주려면 질문이 너무 많아서 다음 문장을 읽을 수가 없었다. 얇은 책 한 권을 보는데도 3시간이 넘게 걸린 적도 있었다. 만약 책을 보다가 나뭇잎 뒷면 기공에 대한 설명이 나오면, 나뭇잎 뒷면에 구멍이 어디 있느냐며, 돋보기를 들고 나뭇잎을 관찰하러 베란다로 향했다. 그리고 지나가는 개미나 벌레들, 꽃들 모두 관찰의 대상이었다.

아이는 항상 돋보기를 챙겼다. 관찰하려면 돋보기가 필요하다고 한다.

아직 글자에는 관심이 없는데, 글자교육을 주입해 버리면 아이 머릿속에 가득한 질문들이 사라질 수도 있겠다는 생각이 들었다.

그래서 우리 부부는 의논 끝에 둘째 아이 한글 교육은 학교 입학

전에만 익히기로 결정했다. 6살이 된 지금은 글자에 관심을 보이기 시작하며, 조금씩 글자를 터득해 가는 중이다. 큰아이는 자음과 모음으로 글자를 익혔다면, 둘째 아이는 글자의 생김새로 이미지화해서 이해하고 있었다.

아이들은 저마다 각각의 특성들을 지니고 있었다. 그리고 자신의 속도로 잘 가고 있었다. 그 속도의 빠르고 늦음은 부모의 관점이었다. 관점의 시각을 부모의 기준이 아니라 아이로 기준을 두었을 때 모든 것은 빠르고 늦음이란 없었다. 단지 적당함만 있을 뿐이었다.

아이들은 아이들 세상에서 잘 크고 있다

아이들은 아파트 화단에 고양이가 사는데, 엄마 고양이가 새끼고양이 3마리를 낳았다고도 이야기해주고, 물도 챙겨주고 왔다며, 고양이가 물을 먹는 모습을 상세하게 관찰하여 묘사하고 있었다.

또 고양이 한 마리가 먹을 것이 없어서 굶고 있다며, 집에서 고등어 요리를 가져다준 적도 있었다.

아이들은 고양이를 보러 간다며 자주 나갔다.

어느 날은 잘 먹지 못하는 새끼고양이 한 마리에게 물도 주고, 음식도 주었는데 결국 죽었다며 나뭇잎으로 묻어주고 왔다고 했다.

그리고 놀이터에 가면 항상 달팽이를 잡아 와 집에서 키우며 그 모습을 관찰하고 있었다.

어느 날 초등학교 1학년이 된 초록이 책상에 '달팽이의 신비'라는 책이 놓여 있었다. 아이에게 물어보니, 학교 도서관에서 빌린 책이라고 했다.

모두 읽었다며 달팽이 박사님이 되어 있었다. 마트에 가면 달팽이가 먹을 상추와 오이를 항상 챙겼다.

어느 날엔 아이들 방문에 큼지막한 글자가 붙여져 있었다.

내용은 'ㅇㅇㅇ ㅇㅇㅇ(아이들 이름) 연구실' 아래는 이렇게 적혀 있었다.

'관계자 외 출입금지'

이 문장은 어디서 보았는지, 웃음이 나왔다.

노크하고 들어가 보니 노트에는 '연구 일지'라고 쓰여 있었고, 노트를 넘겨보니 도토리를 연구하고 있었다.

연구내용은 질문으로 적혀 있었다.

질문 1) 다람쥐는 왜 도토리를 좋아할까?

질문 2) 도토리는 왜 울퉁불퉁하게 생겼을까?

연구 결과를 물어보니, 아직 연구 중이라고 한다. 아이들의 세상이 참 재미가 있다. 부모가 된 우리는 아이들을 위해서 무언가를 해줘야 할 것들을 생각한다. 그러나 아이들은 아이들의 세상 속에서, 저마다 각자의 재능을 마음껏 펼치고 있었다.

나의 아이가 다른 아이와 비교의 대상이 될 수도 없으며, 형제나 자매관계 역시 비교의 대상이 될 수가 없다. 아이는 저마다의 고유한 색깔을 지니고 있기 때문이다. 그 색깔을 스스로가 찾아나갈 수 있게 칭찬과 격려를 해주는 것이 아이가 바라는 최고의 선물이 될 것이다.

아이들을 아침에 쉽게 깨우는 방법이 없을까

아이들의 아침을 깨워야 할 때마다, 조금은 안쓰러웠다.

저 달콤한 아침잠을 너무나 잘 알고 있는데, 그것을 깨워야 하기에 말이다.

나 역시도 어렸을 때 아침잠이 참 많았다.

"얘들아! 일어나자, 아침이에요!"

아이들은 꿈쩍도 하지 않는다.

대박이는 이른 아침에 어느새 부부 침대로 와 있다.

"씻고 밥 먹어야지, 어서 일어나자!"

뽀뽀도 해보고, 간지럼도 태워보지만 그래도 안 일어난다.

다시 뽀뽀 세례와 간지럼을 태운다. 그제야, 잠이 조금 깬 모양이다.

아이들은 아직 지각에 대한 개념이 부족하다. 늦으면 안 된다는 것은 엄마인 우리 마음뿐이다. 아침마다 서둘러야 하니, 항상 분주했다. 여유를 찾기가 어려웠다. 그래서 아이들과 회의를 진행했다.

회의의 안건은 '어떻게 하면, 아침에 일찍 일어나서 여유롭게 갈 수 있을까?'였다. 아이들은 아침에 일어나자마자, 씻고, 밥을 먹고, 바로 가는 게 힘들다고 했다. 이유를 물어보니, 아침에 노는 시간이 없다는 것이다.

그래서 우리의 결론은 유치원이나 학교에 출발해야 할 시간보다 1시간 30분 전에 일어나서 씻고 밥을 먹고, 놀고 가기로 했다.

그리고는 아침이 되었다.

"아침이 되었어요!"

"이제는 우리가 일어나야 할 시간!" 하고 노래를 불렀다.

그런데도 꿈쩍하지 않는다.

아이들에게 뽀뽀 세례와 간지럼을 태우며, 귓속에 대고 외쳤다.

오. 늘. 부. 터. 놀. 기·로. 했. 잖. 아.

"아침에 무슨 놀이 할까?"

그러자 대박이가 눈을 비비며 일어난다.

"응, 오늘은 공룡 메카드로 놀래."

날씨가 좋은 날에는 농구장에서 축구를 하고 간 적도 있었다.

그러자 아침이 여유로워졌다.

아침은 우리가 시작하는 첫 단추이다.

엄마에게도 아이에게도 기분 좋은 하루가 시작되게 해보자. 하루 시작의 기분이 하루 전체의 기분을 크게 좌우하기 때문이다.

아이들의 생각은 모두가 다르다. 아이들의 생각을 가장 잘 알고 있는 사람은 바로 부모이다. 아이들의 생각을 언제든지 가까이서 들여다 볼 수 있기 때문이다.

부모 교육에는 정답이 없다. 다만 우리 아이들의 서로 다른 특성을 잘 살펴보고, 아이들의 눈높이에 맞추어서 함께 생각하고 함께 대안을 찾아가는 과정이 부모교육의 가장 큰 핵심이 될 것이다.

부모의 가장 큰 스승은 바로 자녀

자녀를 키우다 보면, 부모가 자녀를 키우는 것 같지만 어쩌면 자녀가 부모를 키우고 있는 것이 아닌가란 생각을 해보게 된다. 자아 성찰을 해볼 수 있는 탁월한 장소 역시 가정이 아닐까 하는 생각이 든다.

부모는 아이들이 소리 높여서 말을 하거나 흥분해서 말을 하게 되면 보통 아이가 따진다고 생각을 한다. 그런데 잘 생각해보자. 아이는 지금 자기 생각을 표현하는 중이다. 그럴 때는 아이의 표현에 귀를 기울여보자. 표현의 방법이 잘못되었다면 이야기를 다 듣고 나서 바로 잡아주어도 늦지 않다.

나의 경우도 아이들이 자신의 불만을 이야기할 때가 있다. 그럴 때는 한편으로 반가움도 있다. 아이들이 자기 생각을 표현할 수 있을 만큼 벌써 이렇게 컸구나 하는 마음이 한구석에 자리하기 때문이다.

자녀의 소리를 유심히 듣고 있으면 모두 바른 소리만 하고 있지 않은가? 참으로 놀랍다. 어떨 때는 정신연령이 부모인 나보다 더 높아 보인다.

자녀는 우리가 미처 생각하지 못한 것들을 보게 만들기도 한다. 우리 자신을 돌아볼 수 있는 최고의 스승이기도 하다. 만약 자녀가 부모에 대해 좋지 않은 감정이 오랫동안 지속하고 있다면 자녀를 탓할 것이 아니라, 우리 자신을 돌아봐야 할 때이다. 자녀라는 거울이 우리를 비추고 있기 때문이다.

자녀가 한 살 한 살 더해갈 때마다 부모 역시도 정신 연령이 한 살 한 살 더 해가는 것 같다.

만약 나를 볼 수 있는 거울이 없다면 우리는 자신을 들여다보기가 쉽지 않을 것이다. 자녀를 통해서 나를 제대로 들여다 볼 수 있기에 자녀는 우리에게 가장 큰 스승이 된다.

아이들이 너무나 귀엽고 예쁠 때는 가끔 이런 생각도 해본다. 나의 부모도 역시 내가 이렇게 귀한 존재였겠구나 하고 말이다. 지금의 우리 자녀가 소중하듯 우리 역시도 부모로부터 소중한 존재이다. 부모가 되고서야 부모의 마음을 이해하듯, 우리들의 자녀 역시도 부모가 되어갈 것이다.

부모가 된다는 것은 삶에 가장 아름다운 경력임에는 틀림이 없다. 아무리 많은 세월이 흐르더라도 부모와 자녀의 인연은 아름다운 것이다.

자녀가 둘 이상이라면 비교는 금물

"엄마!"

"엄마는 내가 더 좋아, 아니면 동생이 더 좋아?"

어떤 날에는 동생이 묻기도 했다.

"엄마! 내가 더 좋아, 아니면 누나가 더 좋아?"

그러면서 말한다.

"엄마, 대답하기 힘들지?"

"그런데 어떡하지? 꼭 한 명을 말해야 하는데……."

아이들은 사랑을 확인받고 싶어 한다. 인간이라면 누구나 마찬가지일 것이다.

그럴 때는 이렇게 대답했었다.

"자, 우리 몸을 살펴보자. 우리 몸에는 눈도 있고, 코도 있고, 입도 있고, 다리도 있고, 몸 안에는 여러 가지 기관들이 있잖아. 그런데

이 중에서 가장 소중한 것 딱 하나만 고르라고 한다면 고를 수 있겠어? 우리 몸은 소중하지 않은 게 없잖아. 다 소중하잖아."

아이들은 '맞아!'라고 대답한다.

"초록이는 초록이라서 예쁘고, 대박이는 대박이라서 멋진 거야. 사람이 어떻게 똑같을 수가 있겠어."

아이들은 이해하면서도 조금 더 설명을 듣고 싶어 하는 것 같다.

"자, 그럼 해님과 달님을 비교해보자. 해님이 더 소중할까? 아니면 달님이 더 소중할까?"

저마다 해님이 더 소중하다. 달님이 더 소중하다고 말한다. 이유를 물어보니 해님이 없게 되면 아침이 되지 않는다고 한다. 그리고는 춥다고도 말한다.

달님이 없게 되면 잠을 잘 수가 없단다. 그래서 달님이 더 소중하단다.

결국 아이들은 둘 다 소중한 것으로 결론지었다.

"엄마도 똑같아. 해님도 소중하고, 달님도 소중한 것처럼 엄마에게는 초록이도, 대박이도 둘 다 소중해. 누구를 더 좋아한다는 것은 대답할 수 없는 거야. 초록이는 초록이라서 좋고, 대박이는 대박이라서 좋은 거야. 그냥 엄마 아빠 딸이라서, 아들이라서 좋은 거야. 나중에 커서 엄마와 아빠가 되어보면 알게 될 거야."

그날 이후, 아이들은 누가 더 좋은지 묻지 않는다. 다만 부모가 사랑한다는 것을 느끼고 있으리라 생각한다.

물론 시행착오가 있었다. 누구를 더 사랑하느냐라는 질문에 둘 다 똑같이 사랑한다고 했었다. 그게 나의 진실이다. 그런데 누나인 초록이가 어느 날 또 묻는 것이다. 그래서 '초록이를 더 사랑해!'라고 했더니, 동생에게 큰 소리로 외친다.

"대박아! 엄마가 나를 더 사랑한대……."

아이 수업이 끝나고 데리고 오는데 학교 화단에 꽃들이 어여쁘게 심어져 있었다. 그런데 한 꽃나무에서 신기함을 발견했다. 한 뿌리인데도 색깔이 전혀 다른 꽃이었다. 자세히 살펴보니 심지어 꽃 모양마저도 다른 것이 아닌가?

우리들 자녀 역시도 이와 마찬가지일 것이다. 한 뿌리에서도 다른 꽃잎이 나오듯 자녀 역시도 서로 다른 아름다운 색깔의 꽃을 피울 뿐이다.

아이 둘을 바라보고 있으면, 우애가 참 좋아 보인다. 어쩜 저렇게까지 서로 챙겨주고 배려를 하는 것일까?

학교에 입학한 누나는 간식을 나눠주면 먹지 않고 항상 동생과 나누어 먹었다. 어떤 날에는 친구가 줬다며 건빵 한 조각을 먹지 않고 가져왔다. 건빵은 이미 눅눅해져 있었다. 아이를 안아주며, 다음부터는 그냥 먹고 오라고 했던 기억이 난다.

동생 역시도 마찬가지이다. 물건을 사거나 맛있는 것을 먹을 때에도 항상 누나의 것을 따로 챙긴다. 시키지 않는데도 스스로 하는 모습을 보면 참 놀랄 때가 많다. 누나는 동생과 결혼하고 싶고, 동생은 누나와 결혼하고 싶다고 할 정도다.

어떻게 이렇게까지 우애가 좋을까 곰곰이 생각해보면 자녀를 서로 비교하지 않는 것이 크게 작용하는 것 같다. 누나는 누나대로, 동생은 동생대로 그냥 온전한 것이다. 비교는 다른 아이와도 마찬가지일 것이다. 내 아이와 다른 아이를 비교한다는 것은 불가한 일이다. 내 아이의 강점이 있고, 다른 아이의 강점이 서로 다를 뿐이다. 포도라는 과일과 딸기라는 과일이 서로 다르듯 저마다 각자의 고운 빛깔과 맛이 다를 뿐이다.

엄마랑 결혼할래

어느 날, 대박이가 말했다.

"나는 크면 엄마랑 결혼할 거야!"

사실 이 말은 여러 번 했었다.

그럴 때마다 '대박이가 크면, 사랑하는 사람이 생길 거고 그 사람과 결혼하게 될 거야.' 하고 말하면 '아니야, 나는 엄마랑 결혼할 거야!' 하고 말했다.

누나 역시도 그럴 때마다 대박이에게 가족끼리는 절대로 결혼할 수 없다고 강조했다. 그리고 이미 아빠와 결혼을 했기 때문에 더욱 안 된다고 말이다.

그런데도 항상 엄마와 결혼을 하겠다고 했다. 그런데 이번에는 대박이 표정이 사뭇 진지하다.

전혀 믿을 수가 없다는 표정으로 정색을 하며 말을 한다.

"엄마 사실이야? 나 엄마랑 결혼 못 하는 거야?"

"가족끼리는 정말 결혼 못 하는 거야?"

표정이 금방이라도 울음을 쏟을 것만 같다.

엄마의 입만 바라보고 있었다.

잠시 정적이 흐르고 고민 고민 끝에 말했다.

"그래, 크면 엄마랑 결혼하자!"

그제야 아이의 얼굴에 미소가 한가득 퍼진다.

"맞잖아, 엄마랑 결혼할 수 있잖아!"

누나를 보며 말을 한다.

엄마를 이렇게 아낌없이 사랑해주니, 너무나 고마우면서도 한편으로는 설마 커서도 엄마랑 결혼한다는 거 아니겠지?

그날 이후 며칠이 지났다.

누나가 우렁차게 말한다.

"엄마! 대박이 결혼하고 싶은 사람이 생겼어~!"

"정말?"

"누군데?"

알고 보니 유튜브에서 공룡 메카드 방송을 하는 어여쁜 소녀였다.

"대박이가 이런 스타일을 좋아하는구나."

"휴, 다행이다."

대박이에게 물었다.

"대박아! 엄마랑 결혼한다면서??"

"응, 근데 가족끼리는 결혼할 수가 없다며!"

그날 이후 대박이는 엄마와 결혼한다는 말이 없다.

우리는 아이들로부터 귀여운 사랑과 귀여운 애교와 귀여운 재롱을 받는다.

엄마가 된 우리 역시도 아낌없는 사랑을 주고 있을 것이다. 부모와 아이의 사랑은 참 달콤하다. 아이들의 순수한 세계 속에 초대되어 솜사탕을 먹는 기분이다.

그리고 그 속에서 아이들과 사랑의 바다를 헤엄친다.

아이들은 자라면서 우리들에게 여러 가지 쿠키 모양의 행복을 선물한다. 유아기 때는 유아기 때만 느낄 수가 있는 하트 모양 쿠키, 어린이집에 다닐 때쯤 되면 곰 모양 쿠키, 초등학생이 되면 별모양 쿠키, 그때만이 누릴 수가 있는 또 다른 모양의 쿠키가 있다.

우리가 맛보게 될 쿠키는 계속 남아 있다. 맛과 향은 다르지만 그 달콤한 맛은 똑같다. 지금의 아이들이 어느 위치에 있든지, 그때만이 누릴 수 있는 기쁨과 행복을 마음껏 먹어보자. 달콤한 쿠키를 먹듯 말이다.

가족의 행복 앨범을 만들어보자

우리 가족만이 볼 수 있는 비공개 SNS가 있다. 거기에는 여행이나 일상, 가족의 소중한 순간의 기억들이 담겨 있다. 앨범 이름별로 사진첩이 가능해서 사용하기도 편리하다.

그중에는 '재미있는 사진'이라는 폴더도 있다. 남편이 만들어 놨다. 클릭해보니 큰아이 3살 때 혼자서 이유식을 먹고 난 후 미역으로 일자 눈썹을 만들어온 사진도 있었다. 그리고 이유식을 혼자서 먹으며 가죽 소파 바닥 전체를 이유식 밥풀들로 채워놨던 사진도 있었다.

순간 그때의 기억이 떠올랐다. 아이는 밥을 먹다가, 그릇에 남아 있던 이유식을 손으로 퍼내어 길다란 소파 바닥을 처음부터 끝까지 빈틈없이 꼼꼼하게 밥풀 그림을 그려 놨었다.

"크아악!"

순간 할 말을 잃었다.

머리며, 얼굴이며, 옷이며 온 사방에 밥풀들이 춤을 추고 있었다.

아이는 '씨익!' 하고 미소를 짓고 있었다.

'엄마 내 작품 어때요?'라고 말하는 것만 같았다.

잠깐 화장실을 다녀온 사이에 벌어진 일이었다.

해맑게 웃는 얼굴에, 작품을 평가해 달라는데 혼을 낼 수도 없고, 기겁하면서도 너무 웃겨서 사진을 찍어놨던 기억이 났다.

몸이 기어가기 시작한 어느 날, 초록색을 손에 들고 입안에서는 무언가 씹고 있었다.

"초록색이 뭐지?"

가까이 다가가 살펴보니 산세베리아(기다란 화초)를 먹고 있었다.

그때 얼마나 놀라고 당황했던지, 식은땀을 흘리며 알아봤던 기억이 났다. 그리고 어느 날에는 작은 핑크 돼지 저금통 꼬리가 사라진 것이다. 그것도 두 마리가 말이다.

"어머, 돼지 꼬리가 어디를 간 거지?"

자세히 살펴보니, 한 마리는 귀도 사라져 있었다.

"어떻게 된 거지?"

아이의 치아가 나기 시작하자, 잇몸이 가려워서 돼지의 튀어나온 부분을 그만…….

이런 일들은 엄마가 아주 잠깐 못 본 사이에 일어나게 된다. 그때의 기억들이 주마등처럼 스쳐갔다. 귀여운 아이들은 부모를 놀라게 했을 때가 한두 번이 아니었을 것이다. 엄마의 심장을 철렁이게 했던 순간들 말이다.

그랬던 아이들이 이제는 '엄마, 우리가 마사지 해줄까?' 하고 초록이는 엄마의 다리를, 대박이는 머리를 마사지해주고 있다.

부모의 눈에는 아직도 작은 어린아이 같지만, 아이들은 자신의 더 어릴 적 사진을 보며 흥겨워한다. 그러면서 아이들은 아기 때의 이야기를 해달라고 말한다. 똑같은 이야기를 몇 번을 반복하는데도 아이들은 늘 새로운 것이다. 또 들려달라고 계속 조른다.

아이들은 자신들의 이야기와 사진들을 통해서 사랑받았음을 그리고 사랑받고 있음을 느끼게 될 것이다.

지금 몸이 고되고 힘이 들더라도, 훗날에는 웃음으로 남을 아름다운 추억들이다. 아이들과의 소중한 추억들을 페이지로 남겨보자. 부모와 아이들이 함께 웃고, 즐거워하는 시간들이 되어 줄 것이다. 그리고 그 기억들과 사진들은 오늘을 살아가는 데 우리에게 에너자이저 역할을 해주게 된다.

우리는 지금 세상에서 가장 아름다운 부모경력을 쌓고 있는 중이다. 우리의 경력을 이력서에 기록하듯, 부모의 경력을 가족의 앨범에 기록해보자.

부모와 아이가 더 행복해질 시간은 바로 지금부터이다.

엄마,
행복 공부

_가족 모두가 행복해야 할 시간

행복이란 가족과 함께 사랑 케이크를
지금 함께 먹는 것이다.

가족은 행복이란 음식을 함께 나누어 먹는 것

남편의 월급날이 되면 나와 아이들은 분주하다. 파티 준비를 하는 것이다.

4개의 가족 찻잔은 다시 등장한다. 허브차를 준비하고 과일과 디저트로 식탁에 앉아 우리는 건배를 한다. 한 달 동안 각자의 위치에서 열심히 살아준 것에 대한 감사와 격려의 자리이다. 아이들은 유치원과 학교생활을 잘해줘서 고맙고, 남편은 회사에서 열심히 일해줘서 고맙고, 나 역시도 나의 자리에서 충실해 줘서 고맙다. 서로에게 모두가 고마운 자리이다. 지금은 월 행사가 되어 있다.

이렇게 하게 된 데는 계기가 있었다.

레일바이크를 타러 가족들과 함께 나들이를 갔다. 처음 타보는 것이라 설렘이 가득했다. 우리 부부는 뒤쪽에 나란히, 아이들은 앞쪽에 나란히 앉았다.

레일 바이크의 페달은 네 군데가 모두 달려 있었다. 아이들은 아직 어렸기에 발이 페달에 닿지 않았다. 우리 부부는 함께 페달을 밟기 시작했다.

페달에 많은 힘을 들이지 않아도 쉽게 잘 굴러갔다. 나는 속으로 생각했다. 레일바이크는 생각보다 다리에 힘을 많이 주지 않아도 잘 굴러가는구나 하고 말이다. 덕분에 주변의 경치와 바람과 함께 시원함을 즐기고 있었다. 그런데 갑자기 페달이 뻑뻑해지기 시작하더니 다리에 힘이 들어가기 시작했다.

'갑자기 왜 이렇게 뻑뻑하지?'

알고 보니, 그동안 남편이 온 힘을 다해서 밟아준 덕분이었다. 그래서 나는 하나도 힘이 들지 않았던 것이다. 나는 남편에게 말했다.

"자기야, 페달 밟지 말아 봐. 내가 혼자서 밟아볼게!"

그리고는 다리에 온 힘을 다해서 페달을 밟기 시작했다. 그런데 레일바이크가 꿈쩍도 하지 않는 것이다. 왜 이러지?

남편이 다시 페달을 밟기 시작하자 다시 서서히 움직이기 시작했다. 그러고 나서 그 힘으로 가볍게 나아갈 수가 있었다. 그리고 다시 우리 가족은 아름다운 풍경을 감상하며 함께 하는 시간을 즐길 수가 있었다. 잠시 생각에 잠겼다. 어쩌면 그동안 남편으로서 가장이라는 어깨가 이렇게 무겁지는 않았을까? 가끔은 내려놓고 싶어도 집안의 생계를 위해서 마음 편히 내려놓을 수 없지는 않았을까?

남편의 월급은 해당 날짜가 되면 어김없이 통장에 들어왔다. 감사함을 느끼면서도 한편으로는 당연함의 오류를 범하고 있던 것이다. 그 이유는 남편도 열심히 일했지만 우리 역시도 현재의 위치에서 열심히 했다고 생각했기 때문이다.

그렇다. 가족은 모두가 각자의 위치에서 최선을 다한다.

하루 삼시세끼를 굶지 않고 먹을 수 있다는 것, 깨끗한 집안을 제공해 주는 것, 일터에서 돈을 벌어오는 것 역시 무엇 하나 당연한 것은 없다. 누군가 도와주는 사람이 있기에 집안에서 혹은 일터에서 매진할 수가 있는 것이다.

바퀴에 작은 나사 하나만 빠지더라도 굴러가다가 결국 멈추게 된다. 마찬가지로 가정이란 시스템은 모두가 함께 힘을 나누는 것이다. 그리고 그 안에서 서로에 대한 감사와 행복이라는 음식을 함께 나누어 먹는 것이다

가족이라는 선물

어느 날 남편이 몸이 힘들다며, 회사까지 데리러 와주길 부탁했다.

아이들에게 아빠의 이야기를 하자, 신이 나서 아빠를 데리러 가자는 것이었다. 집에서 회사까지 가는데 만 1시간 40분이 걸렸다. 그렇게 시작된 첫날이 하루도 빠짐없이 6개월간 계속되었다. 비가 와도, 눈이 내려도 우리는 음악을 들으며 아빠에게 함께 갔다.

남편의 퇴근 시간에 맞춰서 도시락을 만든 후 챙겨갔다. 차가 너무 막히는 날엔 오는 길에 공원에 들러서 도시락을 먹고, 아이들이 뛰어노는 동안, 우리는 산책을 했다. 한참 시간이 지난 지금도 남편은 그때를 이야기한다. 그때 너무나 고마웠다는 것이다. 지금 생각해보면 몸이 힘들었던 상태였음에도 가족을 위해 최선을 다했던 것 같다.

남편의 생일날이 되었다. 아이들과 긴급회의를 진행했다. 회의의 안건은 바로 아빠의 생일을 어떻게 놀라게 해줄까였다.

아이들은 여러 가지 아이디어를 냈다.

우리는 분주하게 움직이며, 아빠가 돌아올 퇴근 시간에 맞춰서 아빠가 좋아하는 요리를 만들었다. 그리고 아이들은 전기 초를 이용해서 예쁜 하트 모양과 꽃잎들을 줄지어 바닥에 장식하고 있었다. 예쁜 글들이 적힌 엽서 카드를 줄에 매달고, 여러 가지 모양의 풍선을 불어서 집안 곳곳 예쁘게 장식을 했다. 그리고 아이들은 아빠에게 생일 축하 영상 편지를 남겼다. 아빠가 도착할 시간이 되자, 불을 미리 꺼두고 전기 초와 트리 조명으로 불을 밝혔다.

아이들은 숨죽이며 서로 조용해야 한다며 웃음을 참고 있었다.

이윽고 아빠가 나타났다. 꽃다발을 들고 말이다. 자신이 생일인데 아내인 내게 꽃다발을 전해주었다. 감동이었다. 우리는 준비된 음식으로 생일 파티 노래와 함께 맛있는 음식을 함께 했다.

서로가 어려울 때 가장 힘이 되는 장소 역시 가정일 것이다. 기쁨 역시도 가장 기뻐해 줄 장소는 바로 가정이다. 가정이 있고, 가족이 있다는 것은 지상 최고의 축복이다.

우리는 행복할 수 있는 조건들을 이미 다 갖고 있다. 그 행복을 꺼내 쓰기만 하면 된다. 가족이라는 선물을 이미 받았으니까 말이다.

언어가 가진 강력한 힘

우리가 사용하는 말에는 보이지 않는 강력한 힘이 있다. 그 강력한 말 가운데에서도 가장 힘이 센 말은 바로 '미안해.', '고마워.', '사랑해.'이다.

우리가 가장 아낌없이 사용해야 하는 말이기도 하다. 특히 가족 안에서 말이다.

가족이란 가장 가깝고도 가장 예의를 갖추어야 할 집단이기도 하다. 너무나 가까이 있기에 그 소중함을 잊기도 하고, 때론 서로에게 상처를 주기도 쉽다.

첫 번째로 '미안해.'라는 말은 우리가 가장 어려워하는 말이기도 하다.

그러나 '미안해'라는 말은 상대의 마음을 치유하는 힘이 있다. 이 말은 가급적 미안함을 느낀 순간 빨리 할수록 좋다. 특히 부모가 자녀에게 미안할 일이 생겼다면 바로 즉시 사과하는 것이 좋다.

아이들의 마음은 유리와도 같기 때문이다. 미안하다는 말을 하지 않고 쌓아 두다 보면, 문제는 자신을 돌아보기가 어렵다. '미안해.'라는 말을 하게 되는 순간, 다음부터는 스스로가 조심하려 하는 노력을 보이게 된다. 결국 내면을 조금 더 풍요롭게 가꿀 수가 있게 된다. 가끔은 미안할 행동을 상대가 했음에도 불구하고 자신이 먼저 미안하다며 사과하는 경우가 있다. 그만큼 상대방을 아끼고 사랑하기에 가능한 일이다. 그분들이야말로 우리가 배워야 할 언어의 고수들이다.

두 번째로 '고마워.'라는 말이 있다.

'고마워.'라는 말은 상대방을 존중하는 느낌을 가장 들게 만드는 말이기도 하다. 작은 것에도 '고마워.'라는 말을 습관화해 보자. 방법은 간단하다. 자신이 하고자 하는 말끝에 '고마워.'라는 말을 붙여보는 것이다. 기분이 좋아지는 자신을 발견하게 될 것이다. '고마워.'라는 말을 할수록 고마운 일은 자꾸 생기게 된다. 긍정의 말은 긍정의 에너지를 끌어오는 힘이 있기 때문이다.

세 번째로 '사랑해.'라는 말이 있다. 사랑해라는 말은 가장 쉬우면서도, 가장 아끼는 말이기도 하다. 사람은 누구나 사랑을 주고 사랑도 받기를 원한다. '사랑해.'라는 단어는 금기어가 아니다. 우리가 가족들에게 마음껏 사용할 수 있게 허용된 축복단어이다. 그것도 무제한 말이다. 자신에게도 '사랑해.'라는 말을 자주 들려주고, 가족들에게도 '사랑해.'라는 말을 자주 들려주자.

언어가 가진 힘은 어떤 힘보다 강력하다. 왜냐하면 가장 빈도수가 높기 때문이다.

언어는 우리의 일상이다. 남성은 보통 하루에 7천 단어를 사용하고, 여성의 경우는 하루에 2만 단어를 사용한다고 한다. 우리가 사용하는 이 수많은 단어 속에 되도록 긍정의 단어들로 채워보자.

그리고 '미안해.', '고마워.', '사랑해.'라는 사랑의 언어 역시도 자신의 말 그릇 속에 자주 담아보자. '미안해.'라는 말을 자주 할수록 미안해할 행동이 더 줄어들 것이며, '고마워.'라는 말을 자주 할수록 고마움이 더 생겨날 것이고, '사랑해.'라는 말을 자주 할수록 행복이 샘솟게 될 것이다.

가족을 사랑한다는 것은

가족 안에서의 강력한 사랑의 언어 3가지(미안해, 고마워, 사랑해)

가 있었다면, 이제는 가족 안에서의 사랑의 거리를 생각해보자.

가족은 '따로 또 함께'가 필요하다.

'따로'가 존중되었을 때 '함께'가 가능하게 된다.

따로는 스스로가 혼자서도 즐길 수 있어야 한다. 혼자서도 즐길 수가 있어야 가족 안에서도 기쁘게 즐길 수가 있다. 사랑은 소유하려 하는 것이 아니라 그냥 자유롭게 놓아주는 것이다. 상대가 하늘을 향해 날 수 있도록 자유로운 날갯짓을 바라봐 주는 것이다.

들꽃의 꽃이 아름답다 하여 꺾어서 자신의 화병에 꽂아 두게 되면, 얼마 못 가서 결국 시들게 된다. 사랑에도 적당한 거리가 필요한 것이다.

가족이라는 울타리 밖에서도 즐길 수가 있고, 가족이란 울타리 안에서도 즐길 수가 있다면 적당한 거리를 잘 유지하고 있는 것이다. 사랑하는 가족과 적당한 거리가 유지되었을 때 우리들의 가족관계는 더욱더 친밀해지게 된다. 그것은 부모와 자녀와의 관계뿐 아니라 배우자와의 관계에서도 마찬가지이다.

어느 추운 겨울날, 고슴도치 다섯 마리가 모였다. 그런데 가까이 다가갈수록 서로의 바늘이 찌르게 되니, 결국 떨어져 있을 수밖에 없었다. 그런데 날씨가 너무 춥다 보니 고슴도치들은 다시 한 곳으로 모이기 시작했다. 모이게 되면 또 서로의 바늘들이 찌르게 되었다. 똑같은 일이 계속 반복되자 고슴도치들은 생각했다. 서로를 위해 최소한의 간격을 두는 것이 가장 좋은 방법이라는 것을 말이다.

실제로 고슴도치들은 바늘이 없는 머리를 맞대어 체온을 유지하거나 잠을 잔다고 한다. 여러 번의 시행착오를 거쳐서 최선의 방법을 찾아낸 것이다. 우리가 잘 알고 있는 고슴도치의 딜레마에 관한 우화이다.

가족을 사랑한다는 것은 결국 나를 사랑한다는 뜻이기도 하다. 나와의 데이트 시간을 즐기고, 가족과의 데이트 시간을 즐긴다면 사랑의 언어 3가지(미안해, 고마워, 사랑해)는 자연스럽게 흘러나오게 된다. 가족과의 사랑의 거리를 적당하게 유지한다면 그 사랑의 언어가 가족을 더욱 더 탄탄하게 도와줄 것이다.

생선에게서 사랑을 발견하다

남편은 생선요리가 나오면 항상 생선 가시를 발라줬다. 결혼 전 연애 때부터 그랬었다.

발라주니 나는 편하게 먹을 수가 있었다. 결혼해서 둘이었을 때도 마찬가지였다.

내가 생선의 몸에 젓가락을 쿡쿡 찔러서 먹으면 "생선은 그렇게 하는 게 아니지, 잘 봐봐." 하면서 방법을 자세히 알려준다.

"먼저, 생선 가운데를 중심으로 젓가락으로 쿡쿡쿡 찌르는 거야. 그러고 나서 양쪽 날개를 쓱쓱 옆으로 보내고, 가운데에 생선살만 요렇게 하면 어때, 가시만 남지?"

"우아, 짱이다!"

"최고, 최고!"

그리고 이제는 아이들과 함께 넷이 되었다.

내가 생선 가시를 발라서 아이들을 주려 하면 "그렇게 되면 버리는 게 많잖아, 줘봐. 내가 해줄게!"라고 말한다.

우리 부모님들을 생각해보자. 자식을 위해서 생선살을 발라주시던 그 모습, 우리 엄마 역시 머리에 남아 있는 살은 항상 엄마 차지였다. 그때는 아무 생각 없이 그냥 생선살만 맛있게 먹었다. 그런데 내가 생선살을 직접 발라보니, 나 역시도 머리에 남아 있는 곳은 내가 먹게 된다.

그 마음이 우리들 부모님의 깊은 바다 같은 사랑이었음을, 이제야 느낄 수가 있었다. 남편이 발라준 그 생선 역시도 그 깊은 마음을 어떻게 헤아릴 수가 있을까.

'사랑해.', '미안해.', '고마워.'라는 말보다 더 강력한 언어가 바로 '몸짓의 언어'라는 사실을 기억해야 한다.

우리는 '사랑해.', '미안해.', '고마워.'라는 말을 참 어려워하기도 한다. 그러나 그것이 꼭 말로만 표현되는 것은 아니다.

우리들의 사랑하는 가족들이 혹시라도 '몸짓의 언어'로 표현하고 있지는 않은지 잘 살펴보자. 그것 또한 우리들의 사랑표현방식이니까 말이다. 가족의 사랑의 언어를 이해할 때 사랑이 보이기 시작한다.

가족의 사랑의 공을 더 크게 만드는 방법

_가족 모두가 행복해야 할 시간

우리는 자녀가 어떤 배우자를 만나기를 원할까

우리들의 자녀들은 성장해서 배우자를 만나고 결혼을 하게 될 것이다. 우리는 모두 자녀가 행복한 가족들 속에서 행복한 결혼생활을 하길 꿈꾼다. 우리의 딸은 아내와 엄마가 될 것이고, 우리의 아들은 남편과 아빠가 될 것이다. 지금의 배우자에 대한 사랑이 우리의 아들이 받게 될 사랑으로 여기고, 지금 아내에 대한 사랑이 우리의 딸이 받게 될 사랑으로 여긴다면 우리는 서로 어떤 자세를 취하게 될까?

지금의 남편을, 지금의 아내를 귀하게 여기고 대해준다면 그 사랑은 우리들의 자녀들이 결국 받게 될 것이다. 사랑은 사랑을 낳게 한다. 사랑에는 기술이 필요한 것이 아니라 사랑하는 마음이 필요하다. 우리가 상대방을 대할 때 기술이 아니라 마음을 봐야 한다. 그 사람의 따스한 마음을 먼저 들여다봐야 한다.

사랑은 연습이 필요하다. 연습은 노력이 필요하다. 연습과 노력은 우리를 더 큰 사랑으로 이끌게 된다. 그 출발이 바로 가족이다.

엄마와 아빠는 아이들의 사랑의 통역사

아이들은 쪼르르 엄마에게 달려간다.

"아빠 미워! 아빠는 날 사랑하지 않는 것 같아!"

혹은 아빠에게 달려간다.

"엄마 미워! 엄마는 날 사랑하지 않은 것 같아!"

그럴 때 우리 부모는 아이들에게 사랑의 통역사가 되어야 한다.

"몰랐구나!"

"아빠가 너를 얼마나 많이 사랑하는데!"

"잘못 알고 있는 거야!"

"몰랐구나!"

"엄마가 너를 얼마나 많이 사랑하는데!"

"잘못 알고 있는 거야!"

아이를 먼저 타이르며, 아이가 지금 겪고 있는 감정에서 꺼내주는 것이 먼저이다. 그러고 나서 아이를 이해시켜도 늦지 않다. 사랑의 통역사가 아니라, "맞아~! 엄마 밉지! 엄마가 잘못했어!"라고 하는 순간, 아이는 "그래! 내 생각이 맞았어."라고 여기게 된다. 그 반대의 경우도 역시 마찬가지가 된다.

어느 상황이 되더라도 엄마와 아빠는 아이의 눈높이에 맞추어서 사랑의 통역사가 되어주자.

부모는 아이에게 한 팀이 되어야 한다.

엄마는 아빠를 최고로, 아빠는 엄마를 최고로

아이들은 자신의 부모를 최고로 생각한다. 엄마는 아빠를 최고의 아빠로 만들어주고, 아빠는 엄마를 최고의 엄마로 만들어주는 연습이 필요하다. 그것이 곧 칭찬의 말과 표현이 될 것이다. 그렇게 하더라도 아이들은 엄마의 부족함을 아빠의 부족함을 잘 알고 있다. 세상에 완벽한 부모가 어디 있을까? 다면 부딪치며 연습을 해나갈 뿐이다.

우리는 삶의 우선순위를 무엇으로 두고 있을까

우리는 저마다 삶의 우선순위가 있다. 자신의 삶의 가치관에 따라서 그 우선순위는 다를 것이다. 그 우선순위의 중심에는 가족이 있어야 한다. 가족의 사랑이 기초가 되고 그 사랑이 모여 넘치기 때문이다. 가족의 사랑을 듬뿍 받은 사람은 어디를 가든 환영받게 된다. 그 받은 사랑을 나눌 수가 있기 때문이다. 우리들의 가족들이 사랑받길 원한다면 우리 스스로가 사랑하고, 그 사랑을 나누어보자. 사랑은 묘하게도 나누면 반이 되는 것이 아니라 나누는 순간 배가 되어 돌아오게 된다. 그것이 사랑의 원리이다. 자신의 삶의 우선순위 가치를 가족에 두는 사람은 세상에 어떤 어려움이 오더라도 이겨낼 힘과 용기가 있다. 가족의 힘은 그 어떤 거인의 힘보다 세기 때문이다. 사랑에 가장 강력한 행복 물질이 나오는 곳이 바로 가정이다. 우리가 가장 아름다운 선을 베풀어야 할 장소가 바로 가정이다.

모든 문제의 근원은 사랑 결핍이다

모든 문제의 근원에는 사랑 결핍이 있다. 우리가 상대방에게 100이라는 사랑의 크기를 주었다고 가정해 보자. 그러나 받는 입장에서는 50이라 여기기도 하고, 어떤 이는 200으로 받아들이기도 한다. 자녀를 키울 때에도 마찬가지이다. 부모의 입장에서는 아이들에게 100을 각각 주었지만, 어떤 아이는 50으로 받아들이고, 어떤 아이는 150으로 받아들이기도 한다. 부족하게 받아들이는 아이에게는 그것보다 더 큰 사랑을 주면 된다. 그래야만 아이는 100이라 여기기 때문이다. 아이들의 사랑이, 가족의 사랑이 결핍되지 않게 나의 사랑의 공을 크게 만들어보자. 나의 사랑의 공과 가족의 사랑의 공이 만났을 때 그 사랑의 에너지는 밤하늘의 별빛 수보다 더 빛이 나고 아름답게 된다.

꿈꾸는 부모에게는 꿈꾸는 아이가 있다

_가족 모두가 행복해야 할 시간

아이들의 꿈은, 아이들의 것

아이들은 자신이 그리는 꿈의 세계가 있다. 아이들은 아직 삶에 대한 프레임이 없다. 그러다 보니 무궁무진한 꿈들이 펼쳐지게 된다. 모두 이룰 것이라는 확고한 믿음도 갖고 있다. 그 믿음 속에 아이들은 계속해서 성장하게 된다.

초록이가 피아노를 배우고 싶어 했다. 그래서 초등학교 1학년 입학과 함께 등록하게 되었다. 1년을 조금 넘게 다니더니 그만두고 싶어 했다. 이유를 물어보니, 레슨을 받기보다는 혼자서 연습하는 것이 더 재미있다고 한다.

중간에 포기하는 것이 조금 염려가 되어 더 다녀보길 권했다. 결국 몇 개월을 더 다니더니 그만두고 싶어 했다.

아이는 다른 사람이 연주하는 피아노 소리를 듣고 그대로 치는 것을 더 좋아했다. 집에 돌아오면 학원의 다른 방에서 들렸던 피아노 곡이라며, 일부분을 똑같이 연주했다. 학원에서 배우는 기초 음악보다는 단계가 높은 연주된 곡을 치는 것을 좋아했다. 피아노 소리를 듣고 나면 음표가 그려진다고 했다. 손가락 위치도 그려진다는 것이다.

어느 날에는 교보문고에 가면 항상 나오는 곡이라며, 파헬벨의 캐논변주곡 도입부를 집에서 연주하고 있었다. 또 어떤 날에는 스스로 곡을 만들고 있다며 아름다운 곡을 들려주기도 했다.

아이는 피아노 치는 것이 즐겁다고 했다. 오히려 학원을 그만두자 집에서 피아노 치는 시간이 더 많아졌다. 혹시나 아이의 즐거움을 방해하지 않을까 피아노는 배우고 싶을 때 다시 배우기로 했다. 현재 초록이의 꿈은 과학자이다.

어느 날 공부하고 있는 초록이에게 공부를 왜 하느냐고 물으니 자신의 꿈을 이루기 위해서라고 답한다. 어디에서 들었는지, 꿈을 이루려면 아는 것이 많아야 한다고 말이다.

아이가 재능을 보였을 때, 그 재능 속에 부모가 중심이 되지 않게 한 박자 뒤에서 지켜 볼 수 있는 여유가 필요함을 느끼게 되었다. 아이는 아이가 생각하는 자신의 삶의 그림이 있기 때문이다. 그 그림을 부모의 생각대로 그리게 한다면 아이는 자신의 삶의 주체성을 잃게 된다. 부모도 행복하고 아이도 행복하기 위해서는 서로에 대한 꿈의 에티켓을 지켜나가야 할 것이다. 서로의 꿈이 존중되었을 때 비로소 진정한 꿈의 파트너가 될 것이다. 아이들의 꿈은, 아이들의 것이라는 것을 부모인 우리가 되새겨야 할 부분이다.

모든 아이들은 호기심 대왕

"엄마! 계란 실험해도 돼요?"
"응, 해도 돼!"
"응, 알았어. 엄마, 고마워!"
아이들은 계란을 풀어서 그릇에 담더니 냉동실에 얼렸다.
하루가 지나고 얼려진 계란을 본다.
"실험은 끝난 거야?"
"이거, 치워도 될까?"
"아니야! 아직 연구하고 있어!"
아이들은 틈만 나면 계란 실험을 한다고 했다.

그러던 어느 날, 도서관에서 주관했던 동화작가의 책 읽어주는 프로그램에 함께 참여했다. 책을 읽고 난 후, 병아리가 직접 알을 깨고 나오는 모습의 영상을 함께 봤다.

집에 오자마자, 계란을 들고, 병아리를 키워보고 싶다는 것이다. 직접 알을 깨고 나오는 모습을 보고 싶다고 했다.

"어쩌지? 마당이 있는 곳이 아니라서 병아리 키우는 것은 곤란하겠는데?"

그러면 알에서 나오는 것만 보고 병아리가 되면 마당이 있는 곳으로 보내주자고 했다.

아이들은 며칠 동안 계속 부탁을 했다.

"엄마, 우리 병아리 키워보면 안 될까? 제발, 제발……."

"지금은 추운 겨울이니까 따뜻한 봄이 되면 그때 다시 생각해보자."라고 하며 알에서 병아리가 나오는 영상을 대신 보는 것으로 우선 만족해야 했다.

아이들은 그 영상을 계속해서 보고 또 보고를 반복하고 있었다.

어느 날은 물감으로 그림을 그리고 있었다. 색깔이 더해지자 다른 색깔로 변하는 게 신기한 모양이다.

"엄마, 빨간색과 노란색이 섞이면 무슨 색깔로 변해?

"음, 글쎄 무슨 색깔이 될까?"

"음, 빨간색이 될 것 같아!"

"이유가 뭘까?"

"빨간색이 더 강할 것 같아!"

"그러면, 파란색과 보라색이 섞이면 무슨 색깔로 변해?"

"음, 글쎄. 우리 한번 실험해 볼까?"

우리는 작은 병에다가 물감을 조금씩 떨어뜨리며 색깔이 무슨 색으로 바뀌는지 직접 관찰했다. 두 가지의 색을 더하자 색깔이 변하는 것을 보며, 깔깔대며 신이 났다.

세 가지 색도 더해 보고, 색들이 계속해서 더해지자 물이 점점 어두워졌다.

"엄마, 물 색깔이 어두워졌어!"

"색깔을 계속 더하니까 어두워져 버렸어!"

그리고는 물을 비우고 다시 새로운 물을 받았다. 예쁜 색깔들로 바뀌어 가자 손뼉을 치며 신기해했다.

모든 아이는 호기심 대왕이다. 지구 안에 보이는 세상이 모두 신기함 덩어리이다. 어른들에게는 당연하게 보이는 세상이 아이들에게는 처음 보는 세상인 것이다.

우리는 아이들로 인해서 호기심 세상으로 다시 초대된다. 그리고 아이들 세상에서만큼은 우리도 역시 아이가 된다.

아이들과 함께 하는 꿈의 노트를 만들어보자

꿈은 추상적이다. 머릿속에서 그리기만 하면 자꾸 잊어버리게 된다. 그럴 때 필요한 것이 바로 꿈의 노트다. 써보는 것이다. 기록하게 되면 머릿속으로만 생각했던 추상적인 것들이 조금 더 구체화 되면서 명료해지게 된다. 사진이나 그림 등 이미지 역시도 우리의 뇌를 각인시키기에 유용하다.

문구점에서 아이들과 함께 스케치북을 샀다. 그리고 아이들과 함께 해보고 싶은 것을 적어보기로 했다. 적다 보니 50개 정도가 만들어졌다.

아이들의 생각을 엿볼 수가 있어서 재미있는 시간이었다.

몇 가지를 적어보았다.

과수원에서 과일 따보기

세계 일주해 보기

북극, 남극 가보기

과학자 되기

바다에서 서핑보드 타보기

배 타기, 낚시해보기

승마 타보기

비행기에서 자보기

산 정상에 올라보기

동굴 탐험하기

바닷속에서 물고기를 손으로 잡아보기

원숭이한테 바나나 줘보기

선장 해보기

거기에 기한을 적게 되면 꿈의 노트가 완성되는 것이다. 아이들이 다 보니 바다 탐험대 옥토넛에서 나온 '콰지'(고양이 해적)가 되고 싶다는 말도 나왔다. 그러면 아이들의 눈높이에 맞춰서 그 자리에서 콰지가 되어보게 하는 것이다. 콰지 흉내를 내는 것만으로도 아이들은 콰지가 되었다고 생각하게 된다.

함께 하다 보면 아이들의 엉뚱한 상상이 재미를 더해 갈 것이다.

아이들과 함께 그림도 그려보고, 하고 싶은 소망과 걸맞은 사진도 붙여보자. 아이들과 함께 꿈의 노트를 예쁘게 꾸며보는 것이다. 모두 완성이 되었다면 잘 보일 수 있게 붙여 보자. 그리고 하나씩 지워 가며 아이들과 함께 소중한 추억을 쌓아 나가 보자. 그것을 통해서 아이들은 목표를 적는 방법과 이루어 나가는 법을 자연스럽게 몸으로 터득하게 된다. 고학년이 되면 스스로 꿈의 보드 판을 만들어 보게 될지도 모른다.

그 꿈이 자녀가 흔들리지 않게 표지판이 되어 줄 것이다. 그리고 그 꿈은 점점 더 진화해 가게 된다.

꿈꾸는 부모에게는 꿈꾸는 아이가 있으며, 그 출발은 바로 우리가 먼저 꿈꾸는 부모가 되어 보는 것이다.

엄마의 연애세포를 깨우자

_가족 모두가 행복해야 할 시간

엄마의 러브스토리를 꺼내보자

아이들과 함께 교육을 들은 후, 우리는 저녁을 먹으러 초밥집에 들렀다. 아이들과 셋이서 밥을 먹고 있는데 옆 테이블에 연인으로 보이는 두 남녀가 자리에 앉았다. 두 연인은 아이들을 보고 미소를 지었다. 나 역시 미소를 지으며 연인을 살펴봤다.

'참 좋을 때다.'

보기만 해도 흐뭇했다. 그리고 잠시 과거를 회상해 봤다.

그는 자전거로 3시간이 되는 거리를 집까지 페달을 밟으며 달려왔다. 나 만나러 오는 길은 힘이 들지가 않은데, 집에 돌아가는 길은 더 멀고 힘이 든다고 말이다. 회사에서 프로젝트를 하느라 여러 날 밤을 새우고 저녁까지 일하면서도 나를 만나러 온다고 했다. 얼마나 피곤할까, 그냥 집으로 가라고 해도 괜찮다며, 나의 얼굴을 보면 더 힘이 난다는 것이었다.

결혼해서도 우리는 연인처럼 지냈다. 우리는 함께 출근해서 남편이 일이 끝나면 나의 직장으로 와주었다. 그리고 남편이 운전하며 함께 집에 갔다. 남편이 야근하는 날에는 혼자서 운전을 하며 집에 갔었다. 혼자 가는 날에는 배가 너무 고파 남편에게 전화를 걸었다.

"자기야, 먼저 갈게! 근데 배가 너무 고프다."

그러자 보조 의자 밑에 서랍을 열어보라는 것이다. 서랍을 열자, 초코파이와 배고픔을 달랠 만한 과자들이 줄지어서 가지런히 정리되어 있었다. 순간 할 말을 잃었었다. 감동의 순간이었다.

설거지 역시 한 사람은 그릇을 씻고 한 사람은 헹구었다. 그렇게 달콤한 신혼을 거쳐서, 회사를 그만두고 임신을 하게 되었다. 태교를 하며 새벽에 남편의 아침 식사와 도시락을 챙겨주었고, 바쁜 아침 시간을 최대한 줄여주기 위해서 남편이 씻는 동안, 입을 정장과 와이셔츠, 넥타이를 모두 꺼내두었다.

안경을 닦고, 구두 역시 미리 닦아두었다. 머리를 왁스로 손질해주고, 포옹과 가벼운 입맞춤을 하고 출근을 했다.

퇴근을 해서 돌아올 때면, 미리 저녁을 준비하고 '인터폰으로 차

량이 도착했습니다.'라는 멘트가 울리면 국을 데우고 숟가락, 젓가락을 모두 세팅한 후, 남편이 씻고 나서 바로 식사를 할 수 있도록 준비를 했었다.

만삭인 마지막 달까지 계속되었다.

그러고 나서 아이가 태어났다. 상황은 어떻게 되었을까?

나는 아내라는 이름보다는 엄마가 되어 있었다. 연애의 세포는 자연스럽게 아이를 향하고 있었다. 지금은 아이들이 어느 정도 성장했기에 연애세포를 깨워가고 있다.

우리는 엄마가 되면서 배우자와의 연애세포가 잠을 자는 경우가 많다. 그런데 잘 생각해보자. 우리는 엄마이기 전에 한 여자였다. 그리고 배우자 역시 아빠이기 전에 한 남자였다. 한 여자와 한 남자가 만나서 부모가 된 것이다.

엄마와 아빠라는 이름 전에 한 여성과 한 남성으로 서로를 사랑하는 사이였다. 서로의 사랑이 존중받고 이해되었을 때 우리는 부모라는 이름으로 더 큰 사랑을 실천할 수가 있다.

엄마가 된 우리의 연애 세포를 깨워보자. 사랑을 실천할 수 있는 사람은 바로 배우자이다. 사랑의 이름을 알려준 사람 역시도 지금의 배우자이다.

엄마가 된 우리는 아가씨 때와는 다른 이름의 성숙한 아름다움이 있다. 그 아름다움을 마음껏 발산해보자. 엄마가 된 우리는 지금도 충분히 아름답다. 엄마의 러브스토리를 꺼내어 보자. 그리고 잠자는 연애 세포를 조금씩 깨워보자.

지금의 배우자는 우리의 연인

어느 날 남편이 뮤지컬 공연에 당첨이 되었다며 기뻐했다. R석으로 고가의 좌석이었다. 티켓은 2장이라고 했다.

순간 나의 머릿속에는 우리 가족이 4명인데, 그럼 두 명 티켓을 더 구매해야 하나 하고 생각하고 있었다. 생각해 보니, 뮤지컬은 9세 이상 관람이 가능해서 동생인 대박이는 어려웠다.

그럼 어떻게 할까? 남편과 큰아이가 함께 관람해야 할까 고민하고 있었다. 그런데 집에 돌아온 남편은 '우리 둘이서 봐야지!' 하고 말했다. 다른 사람에게 티켓을 주더라도 공연장에서 직접 끊어 주어야 해서 쉽지 않다고 했다.

결국 친정엄마의 도움을 받아야 했다.

공연 시간은 평일 저녁 시간대였다. 남편은 회사에서 출발하고, 나는 아이들을 맡기고 친정엄마 집에서 출발했다.

남편은 먼저 도착했다며, 어디쯤이냐며 문자가 왔다. 순간 남편이 아닌, 다정한 남자친구 느낌이 들었다. 나 역시 엄마가 아닌 여자 친구가 된 기분이었다.

예쁘게 꾸미고 공연장에 도착했다. 순간 연인 때의 데이트하는 모습이 연상되었다.

공연이 시작되었다. 뮤지컬의 내용은 사랑을 소재로 하고 있었다. 우리는 함께 손을 꼭 잡고 관람을 했다.

공연 마지막에는 남편과 팔짱을 낀 채, 모든 관객들과 함께 일어나서 손뼉을 치며 노래를 불렀다. 뮤지컬은 감동 그 자체였다. 내 삶의 소중한 추억 한 페이지를 장식하고 있었다.

곰곰이 생각해보았다. 뮤지컬을 마지막으로 본 것이 언제였던가. 아이들이 생기기전에 마지막으로 보고, 그 이후에는 아이들 뮤지컬을 본 기억이 났다. 다음번에는 콘서트에도 꼭 함께 가기로 약속했다.

KBS 2TV '고백부부'의 명대사 중 일부이다.

"그 시절 우린 계산되지 않았다. 그 시절 우린 계산되지 않았고, 그저 심장의 반응에 충실했으며 온 우주가 서로를 중심으로 돌고 있었다. 별도 달도 따주고 싶다던 우리의 시간들은 그 마음들은 모두 어디로 사라진 것일까. 우린 지금 어디쯤 서 있는 것일까."

사랑하는 사람이 만나서 부부가 되고 부모가 된다는 것은 축복과도 같은 일이다. 그 축복의 결실이 바로 자녀이다. 그 축복은 자녀가 만들어나가는 것이 아니라 부부가 함께 만들어나가는 것이다. 그 축복 안에 자녀를 초대하는 것이 바로 부모의 역할이다.

부부 두 사람만의 데이트를 자주 갖길 바란다. 가정의 중심은 바로 부부이기 때문이다.

감사함에 첫 번째는 우리들의 부모님

우리는 아름다운 출산의 깊은 여정을 거쳐서 엄마가 되었다. 우리를 낳게 해준 부모님 역시 그 과정을 똑같이 겪으셨다.

우리의 자녀가 귀하고 사랑스럽듯이 우리 역시도 부모로부터 귀한 존재이다. 엄마가 되고서야 엄마의 깊은 사랑을 이해하게 되는 것 같다.

자식들이 성인이 되어서도 아침을 굶을까 봐 새벽에 일어나셔서 아침에 먹을 음식을 식탁에 미리 차려놓고 출근을 하셨다.

항상 자신보다 자식이 먼저였던 부모님, 그 은혜를 어찌 다 갚을 수 있을까? 그러면서도 항상 흐트러짐 없이 정돈된 집안을 제공하셨던 부모님은 60대가 되어서야 여행도 다니시고, 문화생활을 즐기고 계신다. 그리고 어느덧 70대가 되셨다.

그동안의 삶을 종합해 봤을 때 인생이 어떠했었냐고 여쭤보면 행복했다고 말씀하시는 나의 엄마, 그동안의 힘겨움을 뒤로 한 채 행복해하시는 부모님을 바라볼 때면 이 감사함을 어찌 전해야 할까.

17년 전 배우자를 먼저 보냈지만, 남편을 사랑했다는 나의 엄마, 자식들이 잘 자라주어서 오히려 고맙다고 말씀하시는 엄마, 자식들의 어린 손자와 손녀들을 봐주시고 자식들의 꿈을 응원해주는 나의 엄마, 부모가 되어보니, 부모님의 마음을 조금이나마 헤아릴 수 있을 것 같다.

이제는 부모님의 삶이 한 남자의 삶, 한 여자의 삶으로 비춰보게 된다.

세상에는 좋은 부모만도 나쁜 부모만도 없을 것이다. 다만 부모가 모두 처음일 뿐이다. 부모가 되어보니, 삶에 대한 감사가 눈에 하나씩 하나씩 들어온다. 경이로운 자연은 또 어떠할까? 무수한 어려움 끝에서도 결국 봄, 여름, 가을, 겨울이란 계절에 맞추어 자신을 탈바꿈한다.

바위틈 속에서 자라고 있는 꽃들을 바라볼 때면 자연의 대단한 생명력을 다시금 실감한다. 우리의 인간도 자연의 일부이기에 부모라는 강인함을 갖고 있는지도 모른다.

어릴 때의 나는 부모님의 모습이 거대한 산과 같았다. 거대한 산이 있었기에 나는 그 안에서 자유롭게 뛰어놀 수가 있었다. 엄마가 된 지금은 부모님의 조그마한 체구를 안아드리고 싶다. 그 작은 체구에서 부모라는 강인함이 어디에서 나오는 걸까?

부모님이 있었기에, 나 역시 사랑하는 사람을 만나고, 사랑하는 가족이 생겼다.

사랑하는 나의 엄마, 음악과 자연을 사랑하셨던 하늘에 계신 나의 아빠에게 지면을 통해 깊은 고마움과 감사함을 전하고 싶다.

우리도 시간이 흘러 우리들의 부모님처럼 노년기의 삶이 찾아올 것이다. 아름다운 노년을 위해 많이 웃고, 많이 사랑하고, 많이 행복해지자. 그리고 살아 있는 모든 것에 감사하자. 우리 함께 말이다.

부모가 되어보니, 자식은 부모의 사랑을 뛰어넘지 못하는 것 같다. 참으로 신비한 사랑의 관계이다.

행복의 비밀은 바로 감사

감사함에 눈을 뜨게 되면, 모든 것이 감사하다. 지금 내가 살아 있음에도 감사하고, 건강한 몸 역시 감사하다. 사랑을 실천할 수 있는 가족이 있다는 것 역시 감사한 일이다.

작은 것에도 감사함을 느낄 줄 아는 사람은 마음속에 행복 주머니를 넣고 다니는 사람들이다. 어디를 가든 행복 주머니가 함께 하기에 조그마한 행복을 느낄 수가 있다.

우리의 삶에 감사라는 선물을 넣어보면 삶이 긍정적으로 변화하게 된다.

감사가 가진 힘은 태양의 따스함과도 같다. 감사는 우리의 몸과 마음을 평온하게 만들어준다. 몸과 마음이 춤을 출 수 있게 도와준다.

자신이 누군가에게 감사의 마음을 전하게 되면, 받는 사람도 즐겁지만 주는 사람은 더 기쁘다. 감사로 마음이 채워져 있는 사람의 마음은 바다의 잔잔한 물결과도 같다. 출렁이는 바다에서 태양의 따스함을 받는다.

감사를 생활화하는 사람들의 공통점은 마음에 심한 폭우가 몰아치지 않는다. 내면이 풍요롭기 때문이다. 감사 일기를 써보는 것도 도움이 된다. 매일 자기 전에 하루를 돌아보며 나에게 감사한 일, 가족이나 타인으로부터 감사한 일, 자연으로부터 감사한 일, 감사의 거리를 찾으면 셀 수 없이 많아진다.

직접 글로 써보는 것은 우리의 몸에 감사를 새기는 데 더욱더 도움이 된다. 자신의 마음을 정화하는 데에도 감사 일기는 도움이 된다. 감사 일기를 채워 나가다 보면 어느새 감사할 거리를 찾고 있는 자신을 발견하게 된다.

우리는 타인의 작은 친절에도 고마움을 표현하고 감사함을 느낀다. 그런데 정작 가정에서는 반복되는 일상이기에 감사함을 잊을 때가 많다. 매 끼니 차려주는 음식, 청소와 빨래, 설거지 등 감사할 거리가 한두 개가 아니다. 그것은 일터에서 일하는 사람 역시 마찬가지이다.

그 고마운 돈이 있기에 우리가 생활할 수 있기 때문이다. 열심히 살아준 나에 대한 감사와 가족에 대한 감사를 먼저 찾고 나면, 그 감사는 자연스럽게 점점 더 사회로 확대되어 가게 된다.

감사는 또 다른 감사를 낳게 한다.

감사가 확대되어 갈수록 행복해지는 사람은 바로 자신이다. 자신이 가장 큰 수혜자이다.

가족이 있기에 엄마가 빛이 난다

엄마라는 자리는 참으로 묘한 자리다. 엄마는 가정이란 시스템을 매끄럽게 흘러가게 한다. 엄마가 잠깐이라도 부재가 발생이 되면 가정이란 시스템에 브레이크가 걸린다.

매끄럽게 흘러갈 때는 잘 느끼지 못한다. 그런데 하루라도 부재가 발생하면 바로 표가 나는 것이 엄마의 자리이다. 그리고 엄마에게는 자궁 속의 편안함이 있다.

어렸을 때가 생각이 난다.

학교에 갔다가 돌아왔는데, 엄마가 일터에 있으면 집은 갑자기 텅빈 느낌이었다.

엄마가 있는 날엔 집안의 공기가 따스함으로 채워졌다. '엄마'라는 특별함이 가져다주는 마음은 실로 포근하고 따스했다. 엄마는 그야말로 빛이 나는 존재였다.

그런데 엄마가 빛이 날 수 있는 이유가 무엇일까 곰곰이 생각을 해보면, 그것은 바로 가족이 있기 때문일 것이다. 사랑하는 가족 말이다.

아주 오래전에, 영국 문화 협회가 설문조사를 실시했다.

비영어권 102개의 국가 4만 명을 대상으로 조사를 하게 되었다.

질문은 다음과 같았다.

"세상에서 가장 아름다운 영어 단어는?"

1위가 바로 Mother, 어머니였다.

엄마라는 단어는 전 세계인의 가슴에도 아름다운 단어로 자리 잡고 있다. 딸이건 아들이건 우리는 엄마라는 자궁에서 열 달을 함께 한다. 엄마와 함께 호흡하며 말이다.

엄마라는 특별하고 소중한 가치를 부여받은 우리, 엄마라는 특별한 선물을 가족이란 향기 안에서 아름답게 가꾸어 나가보자.

가족이 빛이 날 수 있는 것은 바로 엄마인 당신이 있기 때문이고, 엄마가 된 당신이 빛이 날 수 있는 이유는 바로 가족이 있기 때문이다.

엄마, 가장 아름답고 고마운 당신

세상에서 소중하지 않은 아이는 없다. 내 아이가 소중하듯 다른 아이들 역시 너무나 소중하다.

옛 어르신들 말씀 중에 '아이들 먹는 것만 봐도 배부르다. 눈에 넣어도 안 아프다.'라는 말을 엄마가 되어보니 가슴으로 느낄 수가 있게 된다. 그만큼 자식은 우리의 고귀한 결실이며 고귀한 생명이다.

이 고귀한 생명을 기르고 있는 당신 역시도 너무나 아름답고 고마운 당신이다. 세상에서 가장 값지고 행복한 일은 바로 부모가 되는 일이다.

우리가 태어남의 목적은 바로 행복하기 위해서이다. 그 행복을 잠시라도 미루지 말자. 엄마가 건강해야 가정이 건강할 수가 있다. 엄마가 몸과 마음이 건강할 때 가족 구성원 역시 행복의 향기에 숨을 쉴 수가 있다.

행복한 엄마의 주인공은 바로 당신이다. 엄마인 당신은 자신이 생각하는 것보다 훨씬 더 가치 있고 거대한 존재이다. 자신을 최고로 사랑할 줄 아는 엄마가 되어보자. 자신의 마음 생김새를 엄마만의 방식으로 예쁘게 오리고 붙여보자.

우리들의 배우자와 자녀 역시 그런 아내와 엄마를 원하고 있다. 자신을 사랑할 줄 아는 부모, 자녀에게 줄 수 있는 최고의 유산이다.

엄마인 당신은 웃을 때가 가장 아름답다. 엄마의 사진첩을 펼쳐보면 치아가 드러난 환한 미소의 사진이 가장 아름답게 보일 것이다.

웃을 수 있다는 것, 꿈꿀 수 있다는 것은 신이 준 가장 아름다운 축복의 선물이다. 우리는 눈부신 엄마이기 전에 아름다운 여자이기도 하다. 그 아름다움을 발산해보자.

'나'라는 이름으로 '아내'라는 이름으로, '엄마'라는 이름으로, 그리고 딸이라는 이름으로 즐겁고 행복을 만끽하는 삶을 살아가 보자.

우리의 삶은 즐거움으로 가득 차 있다.

내 마음에 즐거움의 씨앗을 심으면 즐거움이 자라난다. 어떤 씨앗을 심을지는 바로 나의 마음에 달려있다.

영화 〈버킷리스트〉에서는 이런 대사가 나온다.

"이집트 사람들은 저 세상에 가면 신이 두 가지 질문을 할 거라고 믿었지. 하나는 자신의 인생에서 기쁨을 찾아냈는가. 다른 하나는 남에게 기쁨을 주었는가."

우리는 우리의 삶에서 어떤 기쁨을 찾아내 볼까? 그리고 어떤 기쁨을 나누어 줘볼까?

행복은 찻잔의 꽃차와도 같다

어느 날, 남편이 용돈이라며 내게 100만 원을 주었다. 거기에는 조건이 있었다. '자신만을 위해서만 쓸 것'이었다.

이 돈을 어디에 쓸지 곰곰이 생각해 보았다. 그동안 나를 위해서 쓰는 돈은 시장에서 파는 조그마한 화분을 사거나, 후리지아 한 단, 장미 한 송이, 물론 아이들에게 선물 용도로 샀었다. 그리고 책을 구매하는 데는 돈을 아끼지 않았다. 읽고 싶은 책은 마음껏 구매했다. 나는 그것만으로도 충분히 만족하고 있었다. 그런데 남편은 자녀와 자신에게만 돈을 쓰는 것 같아서 안타까워했다.

결혼할 당시, 패물은 생략하기로 했는데 남편이 필요한 것 사라며

100만 원을 준 기억이 났다. 그런데 그 돈은 부족한 생활비에 채우느라 썼던 기억이 났다.

돈을 준 조건대로 이번에는 나만을 위해서 써야 했다.

이 값진 돈을 어떻게 써야 할까? 그것도 나만을 위해서 말이다.

결국 생각해 낸 것이 화장품과 예쁜 도자기 그릇 세트였다.

요리 블로그를 통해서 새로운 음식들을 만들어 보았다. 맛도 모양도 그럴듯하게 나왔다. 접시에는 토마토나 과일을 이용해서 예쁘게 장식도 해봤다.

주말이면 메인 요리를 한 끼에 3개씩 만들었고 레스토랑 분위기도 만들어 봤다. 후식 역시 예쁜 모양으로 만들어 주었다.

그러자 남편과 아이들이 너무나 신이 나 있었다. 음식에 대해서 평가도 해주고, 다음 요리를 기대했다. 만들어보고 싶은 요리나 주문받은 메뉴는 혼자 보는 나만의 요리 밴드에 포스팅해 두었다. 그릇이 예뻐지자 설거지 역시 덜 힘들었다.

화장품은 그동안 아기 로션을 함께 사용하고 있었지만, 이제는 나만의 아끼는 화장품과 도구들이 생겼다. 참으로 감사하다.

행복은 찻잔의 꽃차와도 같다.

예쁜 찻잔에 아름다운 장미 꽃 두 송이를 떨어뜨려 보자. 꽃차는 아름다운 향기와 함께 자신만의 색깔로 찻잔에 물을 들인다. 행복 역시 마찬가지이다. 행복이란 주변의 사람까지 밝게 만들고 환하게 만드는 묘한 매력이 있다.

주변에서 행복해 보이는 사람을 찾아보자. 그리고 그 비결을 물어보자.

행복은 아주 사소한 단순함 속에 있다는 것을 발견하게 될 것이다.

죽어서 가는 천국보다 지금의 가정을 천국으로 만들어 보자. 행복을 만드는 내면의 힘은 우리가 이미 갖고 있다.

지금 이 책을 읽고 있는 우리, 충분히 행복한 우리일 것이다. 우리가 지금의 행복을 자각하는 순간, 우리의 가정은 천국이 될 것이다. 그리고 우리의 행복은 영원할 것이다. 사랑하기에만도 아까운 시간들이다. 마음껏 사랑하고 마음껏 행복을 발산하자.

엄마가 웃으면 가족 모두가 웃는다

웃음은 전염성이 강하다. 누군가 함박웃음을 짓고 있으면 우리는 이유도 모른 채 함께 웃고 있는 자신을 발견하게 된다. 인간이 표현할 수 있는 가장 아름다운 소리 중 하나가 바로 웃음소리이다. 표정역시도 상대방의 미소 짓는 표정에서 행복을 느끼게 된다.

가족들은 거울과 같아서 표정이 닮아간다. 엄마의 표정이 아이에게로, 아이의 표정이 부모에게로, 배우자의 표정이 아내에게로, 아내의 표정이 배우자에게로 퍼지게 된다.

우리는 웃는 것만으로도 행복 에너지를 전파하고 있는 셈이다.

거울을 볼 때마다 미소를 지어보고, 아이들의 깔깔거리는 소리에도 박장대소해보자. 웃으면 우리의 몸에서 행복 호르몬이 나온다는 사실은 누구나 잘 알고 있다. 웃음이 좋다고는 알고 있지만, 우리가 가장 간과하기 쉬운 것이기도 하다. 엄마가 된 이후의 표정 주름은 우리가 만들어 가는 것이다.

엄마가 된 표정 주름을 이왕이면 예쁘게 만들어보자. 이왕이면 곱고 아름답게 늙어가 보자. 엄마가 웃으면 가족 모두가 웃게 된다. 웃으면 좋은 일들이 포도송이처럼 다가오게 된다. 웃음은 곧 행복을 의미하기도 한다. 우리 몸의 신체활동 중에서 가장 짧은 시간에 행복을 가져다줄 수 있는 것이 바로 웃음이다.

스스로가 행복한 삶을 살기로 선택했다면 행복에만 초점을 맞추어보자.

어떻게 하면 조금 더 행복해질 수 있는지, 행복해 보이는 사람들의 비결은 무엇인지, 거기서 나는 무엇을 배울 수가 있는지, 모든 것을 행복에 맞추어 스스로 질문해보자.

그 행복을 위해서 오늘 내가 변해야 할 것이 무엇인지 생각해보는 것이다.

우리는 '나'라는 사람을 어떤 사람으로 규정하느냐에 따라서 그 사람이 되어간다. 그 사람을 닮아가려 노력하게 된다.

'나'를 어떤 사람으로 규정할 것인지는 오로지 자신의 자유이다. 그 자유를 마음껏 만끽해서 가장 나다운 나로 살아갈 수 있기를 바란다. 이 글을 읽고 있는 당신에게는 충분한 자격이 있으니까 말이다.

내 마음 안에 아름다운 정원을 만들어가자. 자신이 좋아하는 아름다운 꽃나무도 심고, 먹음직스런 과일 나무도 심고, 나비와 벌들이 춤추게 하자. 그리고 그곳에는 예쁜 색깔의 벤치 하나도 마련해 두자. 언제든지 쉴 수 있게 말이다. 잡초가 생겨나면 뽑아도 주고, 가지치기도 해주자.

내 마음의 정원에서 아름다운 사계절을 누려보자. 그리고 그 안에 사랑하는 가족들을 초대해보자.

가족들과 산책도 하고, 꽃향기도 맡고, 일광욕도 즐겨보자. 아름다운 단풍과 눈꽃도 감상해보자.

내 마음의 정원을 만들었다면 이제는 가족정원을 함께 만들어보자.

가족 모두가 함께 말이다. 함께 만들어 가는 정원은 가족 모두가 편안하게 쉴 수 있는 낙원이 되어 줄 것이다.

가족 모두가 더 행복해질 시간은 바로 지금부터이다.

행복은 멀리 있지 않다.
파랑새는 엄마 안에 있다

파랑새는 행복과 행운을 의미한다고 한다.
그 파랑새는 바로 우리의 마음 안에 있다.
이제는 그 파랑새를 날 수 있게 꺼내어주자.

자유를 향해서 말이다.

자유를 선물 받은 파랑새는
푸르른 하늘을 날아서
우리의 가정에
행복과 행운을 가져다줄 것이다.

그 파랑새를 자유롭게 놓아줄 수 있는 사람이
바로
우리
엄마이다.

아이가 묻는다.

"엄마, 봄이 더 좋아. 아니면 가을이 더 좋아?"

"음, 봄은 봄이라서 좋고 가을은 가을이라서 좋은데 어쩌지?"

"너무 어려운 질문이다……."

"그러면 대박이는 봄이 더 좋아? 아니면 가을이 더 좋아?"

"나는 봄이 더 좋아."

"이유가 뭔데?"

"봄은 따뜻하잖아."

그렇다.

아이의 말대로 봄의 매력은 따스함이다.

엄마의 마음 정원에

따스한 봄을 두 팔 벌려

환한 미소로 맞이해 주자.

아름답고 따스한 봄이 찾아와

엄마의 심장에 문을 열어 달라며

지금 노크하는 중이다.

감사의 말

사랑하는 가족이 있었기에 이 책을 쓸 수 있었습니다.
사랑하는 나의 남편과 사랑하는 두 아이들에게 깊은 감
사와 고마움을 전하고 싶습니다.
나의 소중한 친구들과 아름다운 세상을 경험하게 해준
부모님 그리고 친정 가족들과 시댁 가족들에게도 깊은
감사 인사를 전합니다.
내 삶에 영향을 주신 모든 분께도 깊은 감사를 전합니다.
이 책이 세상에서 빛을 볼 수 있게 기회를 주신 레몬북스
김의수 대표님과 많은 조언을 아낌없이 해주신 장운갑
편집장님, 그리고 참여해주신 모든 분들께 지면을 통해
서 다시 한번 깊이 감사함을 전합니다.
고맙습니다.

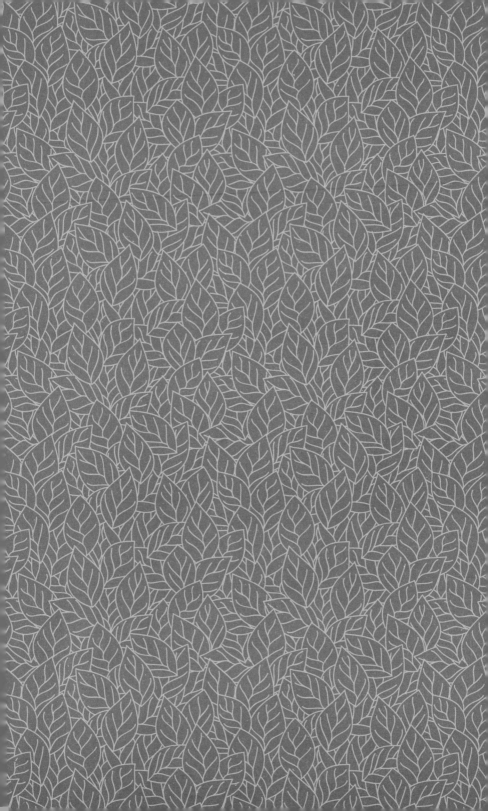